1931年6月26日

每一个中国人都应该铭记

侵华的决策——东方会议

巧智取《田中奏折》 张作霖被炸身亡真相

"中村事件"揭秘 群魔密谋侵华大阴谋

"中村事件"揭秘

冯学忠 / 著

内蒙古出版集团

内蒙古人民出版社

图书在版编目（ＣＩＰ）数据

"中村事件"揭秘 / 冯学忠著 .-- 呼和浩特 : 内蒙古
人民出版社 ,2015.7

ISBN 978-7-204-13535-6

Ⅰ . ①中… Ⅱ . ①冯… Ⅲ . ①日本—侵华事件—
史料Ⅳ . ① K265.606

中国版本图书馆 CIP 数据核字 (2015) 第 170848 号

"中村事件"揭秘

作　　者	冯学忠	
责任编辑	朱莽烈	
封面设计	宋双成	
出版发行	内蒙古人民出版社	
地　　址	呼和浩特市新城区中山东路 8 号波士名人国际 B 座 5 楼	
印　　刷	内蒙古爱信达教育印务有限责任公司	
开　　本	890×1240　1/32	
印　　张	6.125	
字　　数	130 千	
版　　次	2015 年 8 月第 1 版	
印　　次	2015 年 8 月第 1 次印刷	
印　　数	1 — 4000 册	
书　　号	ISBN 978-7-204-13535-6/K・687	
定　　价	16.80 元	

如发现印装质量问题，请与我社联系。

联系电话：（0471）3946120

序

中国社会科学院世界史所研究员·博导
中国日本史学会名誉会长

1931 年 6 月 26 日，这是一个中国人民也应永远铭记的日子。

84 年前的 6 月 26 日，东北军兴安屯垦军第三团上校团长关玉衡所部捕获侵入屯垦军军事禁区的日本帝国参谋本部派遣的军事间谍中村震太郎大尉等 4 人，并果断地予以处决，酿成"中村事件"。日本帝国军政当局以此为借口，煽动武力侵华狂热，84 天后，震惊中外的"九一八"事变爆发，继而展开全面侵华战争。中、日文历史资料对"中村事件"皆有记载，由于彼此政治立场不同，其结论自然截然相反。

"中村事件"虽然已载入《中国抗日战争史》（解放军出版社 1994 年 10 月版），但只有寥寥 650 字。当年，发生"中村事件"的历史背景是什么？事件的详细过程是什么？事件对于中日战争的影响是什么？事后，关玉衡及战友的命运如何？至今，史无专著。《"中村事件"揭秘》以大量翔实的历史资料真实地记述了日本帝国武力发动侵华战争的决策，派遣军事间谍中村震太郎到内蒙古兴安屯垦区刺探军事情报，被屯垦军第三团官兵擒获、处决的详细过程和鲜为人知的细节，颂扬了张学良和关玉衡的爱国之举。周恩来代表中国共产党给予高度评价，称关玉衡为"爱国军官"。

这部史学著作，在记述"中村事件"的同时，客观真实地记述了张学良、关玉衡崇尚民族大义，为国家的安危不畏强敌、坚持抗日的爱国之举。这充分说明，不管你是共产党还是国民党的官兵，也不管你是将军还是士兵，只要是为国家和民族的解放而战斗，都会得到应有的肯定，享有应有的尊崇和纪念。

在纪念中国人民抗日战争暨世界反法西斯战争胜利七十周年之际，有必要将"中村事件"以专著形式呈现给全国各族人民，提醒其不忘历史，牢记日本军国主义当年的侵华罪恶，弘扬民族主义、爱国主义，激发全国各族人民的爱国热情，团结一致，粉碎日本右翼政权企图否认侵华战争罪行的阴谋，奋发图强，实现中华民族的伟大复兴梦。

内蒙古科尔沁右翼前旗党史地方志原局长冯学忠编审，耗时30载，先后赴东北辽、吉、黑三省的档案馆、图书馆和省政协文史委及河北文史书店搜集有关"中村事件"的历史资料和史学书刊，其征引资料谨严审慎，可见资料收集之广，考证甄选之严。纵观全书，所引历史资料皆堪征信，所挖掘的历史资料尤为全书增色，形成权威的专著，在作者"不惑之年"奉献给读者，填补了中国抗日战争史史学研究的空白，同时也是一部难得的爱国主义教材，可喜可贺！

冯学忠教授是我十分敬重的挚友，他的为人坦直、热诚，做学一丝不苟，多年来皆为我的楷模，可敬可佩！

我已届高年，各方请序，多被婉辞。而今读《"中村事件"揭秘》心中甚喜，颇多领会，谨择其要，揭示其学术上的价值，并在此向学界和读者推荐。

是为之序。

2015 年 3 月 28 日

目录

第一章
日本帝国武力侵华的决策——东方会议

一、第一次东方会议

东方会议[①]，是日本帝国主义决定以武力侵华的一次关键性会议。这次会议的召开，亦是日本帝国主义从明治维新以来，一贯推行"大陆政策"的必然结果。

1927 年东方会议前的日本与中国时局错综复杂。1923 年 9 月 1 日 11 时 58 分发生的那场突如其来的 7.9 级日本关东大地震，导致 14.28 万人死亡与失踪，1.28 万户房屋被损坏，340 余万人成了直接受害者。这对于人口稠密、国土狭窄、资源有限的日本来说，是致命的一击，如同即将干涸的池塘，又突遇少见的大旱。

与关东大地震接踵而来的，是一年胜似一年的财政吃紧、金融告急。尤其是 1927 年爆发的金融危机，使得近二十家银行宣布停业，日本政府不得不宣布全国银行三周内停止支付。日本帝国顿时经济

---

① 赵锡金：《"九一八"事变策源地——旅顺日本关东军司令部》，大连出版社 2011 年，第 60~72 页。

萧条，失业率猛增。同时又因受到中国人民如火如荼的抵制日货运动之影响，日本对华贸易在短期内呈大幅下降的趋势。由于市场的缩小，工业出现了停滞不前的局面，企业倒闭现象日益严重。

而此时的中国，以国共两党合作为基础的国民革命军"北伐"正以破竹之势发展，先后攻占汉口、上海、南京。对中国革命感到恐惧的英美等国还制造了炮击南京的事件。日本若槻政府虽未与英美一致行动，但其外相币原喜重郎却采取了分裂国共两党合作的办法，唆使蒋介石发动反革命政变，建立了南京政府，与在武汉的国共合作的国民政府相对峙。国民党武力统一中国之政策及中国人民日益高涨的反对日本帝国主义侵略的浪潮，直接威胁到日本帝国主义的在华利益。为了摆脱经济危机和地震造成的窘境，转移国内矛盾和消减民众的不满情绪，以政友会等为代表的日本各种势力掀起猛烈指责"币原外交"是"软弱外交"的浪潮，叫嚣对华实行强硬政策，紧接着日本枢密院否决了若槻礼次郎首相要求颁布的"紧急敕令"，若槻礼次郎内阁被迫宣告倒台。田中义一就这样被推上了历史舞台。

田中内阁产生于1927年3—4月间的日本金融危机中。金融危机使日本财阀、在野党与军部的不满集中到"币原外交"上，他们大造舆论，攻击"币原外交"是"软弱外交"，是"追随欧美主义"，使日本政局陷于"僵局"，"走投无路"等。在这种情况下，若槻礼次郎内阁被迫宣告倒台，田中义一组阁上台。

田中义一（1863—1929）出生于日本常州藩。原名音松，8岁时改名义一，是日本陆军大将、政治家，是继山县有朋、桂太郎、寺

内正毅之后名列第四号的长洲军阀的
忠实继承人，并与宇垣一起成为"大
正军阀的创始人"，是推行大陆政策的
最典型代表人物之一。田中义一幼时
就读于原冈山县知事石部诚中塾，攻
读汉学。桂太郎的徒弟石部诚中对田
中义一的成长影响很大。田中义一在
14岁时跟石部诚中学习了唐宋八大
家、韩非子等人的著作，也听过世界
大势、俄国侵入北满，"朝鲜在大院君

田中义一

暴政下涉于危机"等情况。石部还给他讲了西南战争史，大陆扩张
派"征韩派"惨遭失败的"痛史"，使其心里打下了同情"征韩派"
的烙印，又接受了吉田松音的"志在世界"，并鼓吹"荻的天地做何也！"
等对外扩张思想。从此，田中义一决心"雄飞海外"，把自己的"宿
命之地放到支那大陆"。1883年12月，田中义一考入陆军士官学校。
1889年12月，升入陆军大学，1892年毕业，晋升为中尉。1894年
10月，田中义一参加甲午中日战争，随第二军第一师团从辽东半岛
花园口侵入中国。在攻打旅顺的战斗中，因其所编制的《作战动员
计划》被军部采纳，受到上司的赏识，被晋升为上尉。1895年2月，
升任第一师团参谋，同年9月经大连回国。1896年10月，田中义一
调参谋本部第二部任职。1898年5月，受川上操六、桂太郎等人的
推荐，被派赴俄国留学。1901到1904年间，田中义一多次表示：赌
命运与俄国作战。1905年他在《随感录》中论述了对俄国作战方针。

正如参谋本部次长长冈外史中将所说那样，"田中在日俄战争中出谋划策立了大功"。陆军参谋总长宇垣也说："满洲军的作战行动几乎都出于田中手中。"1911年田中义一晋升为军务局长，并主张建立25个师团，即在现有军队的基础上新增设两个师团。他在同年写的《战略和策略的一致》中鼓吹："把小的岛国日本变成大陆国家应是日本帝国的国策，要采取攻势的策略。"又在《中国用兵纲领》中叫嚣："要占领东北、直隶、山西及中央地区，占有扬子江口的利源和大冶铁矿，要割占广西和福建。"1913年田中义一在中国东北疗养两个月，名为疗养实为刺探情报。他召集驻满关东军与相关人员详细地调查了满蒙内外的情况。在此基础上写出臭名昭著的《滞满所感》。他说，中国东北土地肥沃，可容纳很多移民，可以把那里的居民改为日本人……向大陆发展是日本民族生存的第一义，经营大陆是国家生存、民族发展的必然需要，把贫国日本变为富国日本的唯一方法。具体策略：一、将中国变为我国的势力范围。二、利用中国的资源，首先把东北作为日本人安居乐业之地。为此，田中义一提出了以下主张：其一，合并关东都督府和朝鲜总督府，设立满鲜统一机关，把满洲各地的领事，纳入满鲜统一机关。其二，把鲜铁合并为满铁，建立满鲜铁道会社。要建吉会线、吉海线、联结安奉线，修好战略上、经济上的满蒙交通大动脉，并可作军事基地。其三，积极推进满蒙开拓事业，将大批日本人移住东北，把满鲜打成一片，同时积极争取日本人在满蒙的土地所有权与居住权。他特别关心的是满鲜铁路。用他的话来说"满鲜铁路平时是为了营利，战时是唯一的战略路线"。"以满鲜铁路作大动脉，凡机关互相配合日臻增进发展大陆的事业，完成先帝陛下的御遗业","建设新日本",为此下了"吾人大做努力"决心。到了 1915 年,田中义一晋升为参谋次长,以山县为背景掌握了陆军部的实权。日本史学家也承认:他在这一时期"在支那问题上确立了坚定不变的方针"。1918 年升任陆军大臣,此后积极策动西伯利亚及满蒙的殖民地和吞并中国的二十一条等方针的实施,被列为贵族,晋级为陆军大将,被选为贵族院议员。田中义一在 1925 年自动退出了现役,当上了政友会的总裁,为的是"准备他日担任首相,大力推进他的对华政策"。随后他公然宣称日本为"东洋之盟主","负有增进(东亚)和平之责任",对中国应采取"特别的措置"。为了实行"产业兴国",面临缺乏资源、人口增加问题的日本,应"谋求日中经济联盟","维护满蒙特殊地域","因为满洲与日本朝鲜领土接壤,在军事上、政治上都有密切关系的特殊地域",应维护和扩大在该地域的"特殊权益"。在 53 届帝国众议院会议上,田中义一再次明确地表示:"假如我国民生命财产遇到危险而又不得不站在维护权益的立场之际,从自卫的角度出发,实行确实政策,也是理所当然的。"这就是田中义一以"满蒙分离政策"为核心的对华政策。为推动这种政策的实施,田中义一除本人以内阁总理大臣身份积极谋划外,还兼任外务大臣以及选任强硬派的白川义则为陆军大臣,起用殖民主义急先锋、被媒体称为"东亚新体制先驱"的森恪为政务次官,要求森恪尽快谋划、制定将"满蒙"从中国肢解出去的国策。

田中义一为了快速解决"大陆问题",便决意指使政务次官森恪筹备召开一次特别会议,以便统一认识,推动日本"大陆政策"的迅速落实。森恪此时已履行了外相的职责。他早在田中组阁前的 1927 年,随同政友会干事长山本条太郎及松冈洋佑等人一同赴中国考察。在中国东北考察期间，他结识了日本陆军省军官铃木贞一，又通过铃木贞一认识了一批积极推行"大陆政策"的少壮派军官，如石原莞尔、河本大作等人。在策划如何侵略中国这一问题上，他们沆瀣一气，取得共识。这些人大都为后来旅顺东方会议的直接参与者。1927年6月6日，在森恪的策划下，由关东军参谋长斋藤恒向东京提出了《关于对满蒙政策的意见》。其核心思想就是，日本此刻必须以扶植在东三省、热河特别区亲日势力为对华政策的基点，使东三省自治，与日本缔结建设新铁路的协定；允许日本人开垦土地、开掘矿山和发展工业；聘请日本人为行政、财政、军事顾问，统一满蒙的外交与行政，设拓殖局收回中东铁路等；并主张上述各项如果中国方面拒绝，"日本应坚决准备使用武力实现其目标"。与此同时，活跃在大连及东北各地的以推行大陆政策为宗旨的右翼民间政治团体——"满蒙研究会"，也为日本国内主张"大陆政策"的极端分子摇旗呐喊。1927年6月12日，"满蒙研究会"在大连市歌舞伎座召开了"全满洲日本人大会"，要求日本政府加快制定对满蒙的积极政策。会议决定：第一，将满蒙之特殊地域从中国内乱的漩涡中拯救出来，以期维持绝对之和平。第二，使满蒙的铁路、土地、矿山、森林以及其他资源彻底开放，以期保障投资企业和移民的安全。第三，为确保执行上述积极政策，以期设置拓务省。他们还狂妄地要将满蒙从中国分割出去，以置于日本的殖民统治之下。田中义一内阁的形成、"满蒙研究会"的主张和森恪的谋划，及斋藤恒的方案如出一辙，都集中反映了日本侵华势力以及右翼集团的迫切对华要求。种种迹象表明，此时的日本政府对华政策的大体框架已基本形成，特别是在用武力分裂中国东北这一问题上，他们的目标是基本一致的，只待召开一次秘密会议达成最终共识，这些便为东方会议的召开做好了一切准备。事实上，东方会议是日本"大陆政策"的继承与延续。

1927年6月27日，日本东京，第一次东方会议召开，至7月7日闭幕，主持人田中义一。与会者都是"中国通"的外交官和军部及政府中强硬派人士，在外务省方面有田中义一、政务次官森恪、参与官植原、通商局长斋藤良卫、欧

日本田中（右起第三人）内阁在东京召开东方会议，制定侵华政策

美局长崛田正昭、驻华公使芳泽谦吉、沈阳总领事吉田茂、汉口总领事商尾亨、上海总领事矢田太郎，陆军方面有次官英太郎、参谋次官南次郎、军务局局长阿部信行、关东军司令官武藤信义、参谋本部第二部长松井石根，海军方面有海军次官大角岑生、军务局局长左近司、军令部次长野村吉三郎。其他人员还有关东厅长官儿玉秀雄、大藏省理财局局长富田、政友会干事长山本条太郎等。

会议的第一天，即6月27日，田中义一在开幕词中说："最近中国政局极其混乱，因此政府在执行对华政策时要慎重考虑，并借此机会征求诸位的坦率意见，以供政府参考。同时想得到诸位对政府所执行的政策的充分理解，以便执行统一的彻底的政策。"实际上，

开幕词暗表问题有三个：一、这次会议上要求拟定完整的、长期性的，彻底统一的对华外交方针策略。二、政府将对中国实行强硬的措施。三、要求与会者出谋献计，达成一致的对华外交。这些都暴露了田中义一要把日本岛国变成大陆霸权之国的狼子野心。因此，有人把田中内阁称为"军阀内阁、暗杀内阁"也是不无道理的。按田中义一的旨意，东方会议采取了多种会议形式，包括：全体会议、小组会议、特定的专题小组秘密会议、个别相谈等。会议主要内容有：关内形势与欧美动态，满蒙问题和日本应采取的措施等。全体会议共开 5 次，秘密会议也开了若干次。

东方会议讨论的主要内容有：一、以南京、武汉政府为中心的关内形势。二、关于"满蒙"形势。三、对中国所应采取的措施。四、中国的经济形势。五、俄美的动态。六、制定统一的彻底的对华政策等，着重讨论的是东北问题。在东北问题上提出和讨论的有：获得土地商租权、铺设铁路、开发资源，大量移民和维护日本的权益问题，防止蒋介石的北伐对东北的政治影响。认为张作霖不可靠，欲另找一人代之。其实际用意是限制蒋介石的北伐，确保日本在山东、东北的既得权益，防止中国统一。很显然，目的在于先把东北殖民地化。至于铺设铁路问题，当然也是中心议题之一。

东方会议的军事侵略性质着重表现在会议最后一天，即 1927 年7 月 7 日，田中义一以《对支那政策纲领》为题所做的总结。《对支那政策纲领》是东方会议的总结归纳，同田中义一的《滞满所感》及《田中奏折》完全是一脉相承的，都是"大陆政策"的延续。所谓"大陆政策"是日本自明治维新后，不甘处岛国之境，立足于用战争手段侵略和吞并中国、朝鲜等周边大陆国家的对外扩张政策，梦想称霸亚洲，征服全世界的侵略总方针，是日本近代军国主义的主要特征和表现。日本"大陆政策"于19世纪80年代趋于成熟，并在1894—1895年的甲午战争中得以实施，是日本近代走上军国主义道路的必然产物。而田中义一主持召开的东方会议制定的一系列方针政策，是对"大陆政策"的继承与延续。

《对支那政策纲领》由两大方针、八条纲领所组成。两大方针是：一、确保"远东和平"与"日支共荣"。二、日本在远东居"特殊地位"，从中国分裂"满蒙"。在这里所谓确保"远东和平"，实为侵略借口。至于"日支共荣"的含义，在"田中奏折"里明确地说："我国因欲开拓其富源，以培养帝国永恒之荣华，特设南满洲铁道会社，借日支共荣之美名，而投资于其地之铁道、海运、矿山、森林、钢铁、农业、畜产业等。"很明显，东方会议上提出的"日支共荣"是在掠夺侵略中国之前提下，实行日本在远东确立霸主地位的共存。而"远东的特殊地位"，是实现其东亚霸主的先声。因此，渗透于两大方针的思想核心，第一是东北的殖民地化，第二是中国的殖民地化，第三是东亚的殖民地化。这便是田中义一构想的"大陆国家论""东亚盟主论""武卫第一论"的具体体现。目的在于称霸东亚，其起点始于东北，把它真正变为日本国的生命线、资源地。企图把中国变为称霸东亚的基地。这些侵略方针具体贯穿于《对支那政策纲领》的八条纲领中。

《对支那政策纲领》中八条纲领要点如下：

第一条："安定中国的政情和恢复秩序是目前之急。其实现应由中国国民自己去做。对中国内乱及政治性争论，不要偏袒一党一派，尊重民意，避免对各派分离结合的干涉。"田中义一说的"不干涉"指的是干涉，出兵山东便是实证之一。

第二条："以满腔的热情协助中国的稳健分子，协调列国努力实现其合理的愿望。"所谓"稳健分子"指的是蒋介石、汪精卫之流。据森恪解释，他们首先是反对共产党，拥护日本。田中义一说以满腔热情协助中国的稳健分子是有原因的。首先，蒋介石的"四一二"、汪精卫的"七一五"叛变之后，中国共产党领导下的第一次国内革命战争遭到失败，从1927—1929年的两三年中，约有45万人被杀。再者，蒋介石"为了维护各派反革命的共同利益，特别是为了稳定和提高他自己的统治地位，感到必须到国外去寻找帝国主义更大的支持，以便伺机卷土重来"。为此8月13日蒋宣告下野，并于9月间前往日本与田中义一会晤。1927年11月田中义一跟蒋说："列强中在贵国最有利害关系的是日本。若共产党在贵国得势，决不能旁观。反对共产主义的你如能巩固南方，我方将给予充分的支援"。因此，"以满腔的热忱协助中国的稳健分子"，是扶植傀儡政权的同义词。

第三条："据目前形势，在中国确立中央政权是有困难的。因此，在各地适当地接洽稳健政权，等待全国逐渐统一的趋势。"田中所估计的"目前形势"，指的是中国新旧军阀的严重对立和混战局势。如蒋家的南京国民党、汪家的改组派与张作霖的奉系军阀、阎锡山的山西军阀、洛阳的冯玉祥等的对立与混战。英美帝国主义则希望促成宁汉合作以进攻奉系的张作霖。日本帝国主义希望促成宁、普等各派和奉系军阀合作，以进攻武汉的汪精卫和洛阳的冯玉祥。在这种情况下，各地适当地接洽稳健政权，意味着利用军阀混战，可让其坐收渔翁之利，以便在各地扶植亲日势力，为中央政权的傀儡化创造条件。

第四条："日本政府对南北政权及各地方政权应取一视同仁的态度。对统一政府的建立，日本和列强一起欢迎其成立，并促使其发展。"利用军阀掠夺中国是帝国主义采取的惯用伎俩。正如毛泽东同志所指出的"中国内部各派军阀的矛盾和斗争，反映着帝国主义各国的矛盾和斗争"。

第五条："最近乘中国政局不稳之机，不逞之徒往往蠢动，扰乱治安，有发生不幸的国际事体之虞。但我帝国在华权益及日侨之生命财产，如有受非法侵害之虐时，将断然采取自卫措施以维护之。"这里的"不逞之徒"，根据森恪解释，是共产主义者。

第六条："满蒙尤其是东三省在日本的国防和国民生存上具有重大的利害关系，需要做特殊考虑，并把东北变为国内外人士安居乐业之地。对此，作为接壤邻邦之我国，负有特殊义务。""安居乐业地"指的是日本帝国主义向大陆发展的战略基地和原料来源之地，是把岛国日本变成东亚霸主之国的关键性一步。东方会议特别强调对东北予以"特殊考虑"，是因为它关系到日本帝国主义的"存亡发展，也关系到日本帝国的版图扩大以称霸世界"能否成为现实的第一步。所以，东方会议把东三省作为日本的国防和国民生存的利害关系区，开始把国防线延长到东北来了。森恪曾说："满蒙是历史上、经济上、国防上，日本在大陆的生命线，首先把它守住。其次是支那，从支那驱逐苏俄势力，防止支那及满洲的赤化。"

第七条："东三省的有权者若尊重我在满蒙的特殊地位，真正讲究政治安定，帝国政府将给予适当的支持。"讲究"政治安定"指的是承认日本在东北的主人地位，取缔一切反日行为。田中选择的是张作霖和蒋介石，但二者对田中义一都不是那么百依百顺的。张作霖毕竟也是中国人，也有国人既有的爱国心与敌忾心。蒋的唯一目的是从田中那里得到北伐支援。因此，当蒋介石北伐时，张作霖曾向蒋建议停止内战一致抗日；田中义一要求蒋不急于北伐时他却大举北伐。对此大为恼火的田中义一立即采取了大规模的军事行动，即第二、第三次出兵山东。

第八条："万一动乱有波及满蒙、扰乱治安、侵害我特殊地位和权益之虞时，为了内外人士的安居乐业，不管它来自何方，要有不失时机地采取适当措施的思想准备。"森恪说："不管它来自北、南、东，都要全力反击，使日本在满蒙成为中心。"这就说明东方会议的纲领不仅是侵略东北，而是整个中国，进而称霸世界。

东方会议在日本帝国主义推行"大陆政策"的延续与继承上，可以说是划时代的。

第一，确定了"满蒙"独立方针，把它当作日本帝国主义的最高国策。"在币原外相时代，对我国在满蒙的权益，只不过是描画出了点和线而已，而田中义一的方针，无论对内对外，都表明了绝对不容许扰乱满蒙秩序的坚强决心。"即田中把"满蒙的独立方针作为最高国策加以公开确立起来"。

第二，确立了随时用武力侵略中国的原则。

第三，发展了大陆殖民侵略论。东方会议把日本帝国主义的"大陆政策"殖民侵略理论引导到更为极端的阶段。它用"特殊权益""特殊地位""特殊地域"论代替了"既得权益"论。甚至提出了东北为日本生命资源线的强盗逻辑。这意味着日本妄图以东亚霸主、中国的领导者自居，提出参加领导东北的政治、经济和军事。东方会议中田中义一《对支那政策纲领》又贯穿到所谓的"田中奏折"中。即"惟欲征服支那，必须先征服满蒙；如欲征服世界，必先征服支那"。这是田中义一法西斯侵略思想的核心表达，是日本"大陆政策"继承与延续的必然结果。

二、第二次东方会议

继 1927 年 7 月 7 日，田中内阁主持的东方会议在东京闭幕后，日本政务、外务次官森恪又在中国旅顺主持了一次研讨侵华政策会议。森恪前文已有所提及，被称为"东亚新体制先驱"。他生于日本大阪府，早年毕业于东京商科学校。1918年出任日本政友会干事长，1920 年以后曾5 次当选为日本众议院议员，是日本昭和时期侵华活动中的强硬派代表人物。

旅顺东方会议的主持者日本政务、外务次官森恪

日本在第一次东方会议召开之后，便紧锣密鼓地派森恪在旅顺召开第二次东方会议，首先是有着明显的政治军事目的。1927 年，蒋介石发动了"四一二"反革命政变，破坏了国共合作的统一战线，

公开叛变革命，而宁汉合流又助长了他的反动气焰。在北方，奉系军阀张作霖虽然还支撑着东北王的架子，但北伐呼声日益高涨，颓势已定。日本为加速实现其"满蒙积极政策"，保住并扩大在东北的"权益"，进而扩张关内，便有加快侵略步伐，抓住东北不放的构想。森恪曾露骨地宣称，"满洲的主权尽管如币原君所说属于中国，但也不仅仅是属于中国"。其次，旅顺会议企图制定新的经济政策。在旅顺东方会议之前，日本在中国东北，掠夺了丰富的资源赚取了高额的利润，养肥了日本财阀，日本亦成为东北亚地区的一霸。据1929年日本商务省调查，日本"在满投资占对中国投资的百分之八十多，仅以满铁为例，从1907年至1924年日本得到的纯收益累计已逾7900万元"。再次，通过旅顺东方会议制定对付中国人民反日斗争的策略。哪里有压迫，哪里就有反抗。日本侵华势力的增长必然受到中国人民强烈反对。1927年，在东北，反对日本设立领事馆，反对虐待安东华工，反对日本不法商人拒不纳税，反对日本扩大商租权、永租权的斗争等接连发生，沉重打击了日本在东北的政治、经济侵略政策，使日本侵略者加重了"危机感"，河本大作就曾与森恪密谋，"让森恪坚持满蒙问题的重要性"。综上所述，日本在旅顺召开东方会议是经过深思熟虑的，是有周密计划的。

1927年8月15日，中国旅顺，关东厅长官儿玉秀雄家。第二次东方会议召开，至8月21日结束共7天，主持人森恪。与会者先于8月14日下午在大和旅馆集会，后又秘密转移至旅顺，在关东厅长官儿玉秀雄家里秘密举行会议。参加会议的人员有：日本驻华公使芳泽谦吉、驻奉天总领事吉田茂、关东厅长官儿玉秀雄、关东军司

令官武藤信义、参谋长斋藤恒，及本庄繁中
将和张作霖的日本顾问松井七夫少将等日本
驻华外交、军事、铁路方面的重要人物。这
些人大都是日本活跃在南满的军政要员，也是
推行日本"大陆政策"的先锋和骨干。森恪首
先传达了日本政府的最新训令，报告了他在中
国东北所看到的一些情况。芳泽谦吉报告了他
在南京、上海等地的活动情况，转达了汪精卫、
蒋介石以及江浙一带财界富商对日妥协的信

儿玉秀雄

息。吉田茂报告了在中国东北各地日本势力的增长情况以及中国人
民的反日活动，重点谈到关于急进满洲的设想。武藤信义则报告了
关东军的实力及扩编的要求。儿玉秀雄等人也对有关的问题做了发
言。会议讨论的主要问题是：(1)中国的时局问题。(2)铁路问题。(3)
不当课税问题。(4)
奉天排日问题。(5)
日本权利、利益保护
的具体手段等。为了
加快其侵略东北的步
伐，意欲造成外务省

旅顺大和旅馆

与陆军省的密切配合，日本效法英国利用东印度公司侵略印度的办
法，扩大满铁的权利，以其为执行新的在华政策的工具。旅顺会议
研究了如何竭力防范，使所谓的中国内乱不致涉及"满蒙"的办法，
即一方面要把日本当时在东北的较分散的侵略机构统一起来。决定

了驻京公使、满铁社长、关东厅长官、关东军司令、奉天总领事之合作方法；另一方面要胁迫张作霖就范。提出日本人在东北的永久租地权问题，声称"可以取消日本人在东北三省之治外法权为交换条件"，并迫使张作霖邀请日本帮助组织东三省中央银行，帮助整理奉票；应允诺东三省中央银行得以成立，可支用南满铁路公司的公款，希望从中国当局获得一种谅解。与此同时，这次会议也研究了当张作霖失败，或不完全听命于日本时，如何解决满蒙问题的办法。

旅顺东方会议地点儿玉秀雄官邸

认为张作霖的30万军队败退时，"应在山海关一带将其解除武装，否则不让他们退回东北，这样张作霖就不能再保持他的实力了，然后再以赤手空拳的张作霖为对手，才能一气呵成地解决正在丧失的、涉及的一切有关我国（指日本）权益问题"。

不论是东京东方会议，还是旅顺会议，作为东方会议的主题，两者在加紧分割满蒙、扩大日本在华权益方面都是一致的。从日本东京东方会议到旅顺会议，时间相隔短，它不是简单地落实东京东方会议方针政策，而是当时中国乃至世界形势发生了变化，田中内阁认为中国的内乱是其扩大侵华的最好时机。所以，旅顺东方会议与东京东方会议又有一定的区别。主要表现在：与东京会议相比，旅顺会议的议题更加集中，决策更加具体，在执行中更加便于操作。东京会议所做出的八项内容，只有后四条具体地涉及实质性问题。旅顺会议所作的决议虽仅有五条，但条条都比较详尽且有针对性。东京会议主要是讨论日本侵华的方针，因而与会者限定于有关的政府军政首脑。而旅顺会议则主要针对侵略东北的具体步骤的策划，其参加者仅限于负责的有关政府成员及届时准备具体指挥、执行侵略东北的少数头目。旅顺东方会议，亦不是简单地点的变更，而是有较深的"内涵"。显而易见，日本已将旅顺所在的"关东军司令部"视为"辖地"，在这里举行所谓制定国策的东方会议，对中国来说是一种侮辱和挑衅。一言以蔽之，东京本土东方会议和旅顺东方会议给中国上下及日本带来了巨大的影响。

三、两次东方会议的影响

东方会议在日本侵华史上，是一次决定"国策"的重要会议。《对支那政策纲领》勾画出田中内阁企图攫取"满蒙"和武力侵华的"积极政策"之基本轮廓，标志着日本帝国主义决定攫取整个东北，加速实施其"大陆政策"。"满蒙特殊论"则成为后来日本侵略中国和亚洲的理论根据。东方会议亦预示着一系列重大的武力侵华行动即将展开。

首先，确定了用武力侵略中国之诸原则：1. 反对中国共产党和中国的"赤化"；2. 扶植军阀，培养傀儡；3. 不得侵害"特殊权益"；4. 反对排日和抵制日货行动，保护在华日本人的生活与在华帝国荣誉。上述内容作为原则被日本帝国主义继承下来，并加以利用。田中义一说："政府为了保证帝国的权益，保护国民的生命财产，有决心随时采取措施。"简言之,东方会议提出的原则,可以说是为随时侵略中国提供借口,埋下了伏笔。

其次,通过发动战争扩大在华经济权益与特权。这是日本对华侵略政策的最终目的。利用中国当时南北政局动荡,尽量实现以前所未能解决的"诸悬案"。首先提出整顿东三省的财政金融,以及关于满蒙铁路让筑权等问题。外务省提出七条铁路线:长春—大赉线;呼兰—绥化线;吉林—会宁线;齐齐哈尔—昂昂溪线;洮南—索伦线等。会议认为乘张作霖北京政权不稳,以要挟其就范,是"实现筑路权方案的好时机"。对"满蒙土地商租问题"和"对华投资问题",也进行了充分讨论和研究,决定迫使张作霖立即给予解决。1927年7月20日,田中义一即指示驻奉天总领事吉田茂,与奉天当局交涉铁路等问题,想以此为突破口迫使奉天当局就范。7月23日,吉田开始与奉天省长莫德惠谈判。莫德惠采取拖延策略,使谈判两个多月毫无结果。此间,日本的侵略行为激起东北民众强烈的反日运动。日本遂把交涉移到北京,由驻华公使芳泽谦吉与张作霖直接交涉。复杂的国内外局面,使得张作霖在屈服和抗争的矛盾中有所自觉,表示不能做"叫子子孙孙抬不起头的事情"。而关东军又急于霸占东北,最终制造了炸死张作霖的"皇姑屯事件"。于此并举,出兵山东。由于当时正处于中国人民大规模排日、抵制日货的时期,日本出兵山东采取以退为进的迂回方式。即先撤兵,但撤时要发表一个强硬的声明,给下次出兵留下借口。1928年4—5月,日军共派1.5万人的部队到济南,同时调集48艘军舰组成海军舰队和6架飞机配合。尔后日本曾两次出兵中国山东,占领青岛、济南,制造"济南惨案"。

这些都助长了日本帝国主义的嚣张气焰，可以说，4 年后的"九一八"事变，是在东方会议就已设计好了的。

再次，确定了挑起世界战争之路。日本可谓是新崛起的帝国主义强国。第一次世界大战后亦变为世界五大列强之一。它的"大陆政策"必然同侵华的欧美势力产生矛盾。正如森恪所说的一样："东方会议的目的在于打碎不战条约、九国公约和国际联盟。"因此，东方会议的结论，完全是对华盛顿体系的挑战。关东军司令武藤信义就曾向田中义一说过："只要把这一次方针付诸实行，必将会引起世界大战，你有决心和准备吗？"田中答："有决心"，"没有问题"。武藤下决心道："只要政府有这样的决心和准备，我是没有什么可说的，无论如何，命令一下，我就执行这一政策。"由于内容太过于露骨，他们给它包上了一层东方会议的外衣。

四、《田中奏折》①

"东方会议"之后，田中义一即根据会议决定的方针，写成了《帝国对满蒙的积极政策》的奏章，上奏日本天皇，这就是世间流传的《田中奏折》。其主要内容分 5 章和 1 个附件，从军事行动、经济、铁路、机构设置等诸方面，对侵略行动做了详细地安排部署。

（一）提出了日本大陆政策的一条总的战略路线。指出："欲征服中国，必先征服满蒙，如欲征服世界，必先征服中国。如果我们征服了中国，其他一切亚洲国家和南洋各国将会惧怕我们而投降，那时，世界将会理解东亚是我们的，并且不敢侵犯我们的权利。""掌

---

① 陈本善：《日本侵略中国东北史》，吉林大学出版社 1989 年 12 月版，第 216～217 页。

握了中国的资源以后，我们就将转向征服印度、小亚细亚、中央亚细亚以至于欧洲。"日本要控制亚细亚大陆，"掌握满蒙利权，是第一大关键"。

《田中奏折》在中国的印本之一　　中国军队内部印制的《田中奏折》

（二）《田中奏折》提出了实施侵略"满蒙"政策的具体方针。指出："对满蒙之利权"，要"以积极政策而扩张之"。要"以二十一条为基础，勇往迈进"。日本必须千方百计取得"满蒙"的土地商租权、铁路建筑权、矿权、林权、对外贸易权、海运权、金融权等；日本人自由出入"满蒙"；设置日本政治、财政、军事顾问和教官；奖励和保护朝鲜移民；派遣军人潜入蒙古，控制旧王公。另外，《田中奏折》还提出日本政府应设置拓殖省，指出："满蒙新大陆之造成，为日本立国上之重大问题，故必须设立拓殖省以专管其事。"

（三）《田中奏折》提出了日本要以美苏为假想敌国，进行战略准备。指出：日本"欲以铁血主义而保东三省，则第三国之亚美利加，必受中国以夷制夷煽动而制我。斯时也，我之对美角逐，势不容辞"。"将来欲制中国，必从打到美国势力为先决问题。""赤俄之东清铁路横于北满，对我欲造成新大陆之计划颇有阻害。我国最近之将来，在北满地方，必须与赤俄冲突。""因北满之富源，我国再与赤俄一角逐于南满旷野者，实为国运之发展上势所难免。"为此，日本要加强对"满蒙"的掠夺，加速"以军事为目的"的战略准备。

《田中奏折》具体而详尽地暴露了日本帝国主义的侵略阴谋。

总之，东方会议是日本决定加紧推行侵华并延续继承"大陆政策"的具有关键性之会议。它对日本侵略中国大好河山，特别是侵占白山黑水的富饶东北土地产生了重要的影响。会后，日本即按照会议所决定的方针，积极推行侵略中国的政策，而实施这一侵略政策的急先锋，就是日本关东军。

五、《田中奏折》公之于世揭秘

王家桢的重托

"皇姑屯事件"后，张学良就任东北保安总司令。他对日本的动向非常警惕，积极地搜集日本对华政策的情报，命令外交办公室主任王家桢负责。王即委托好友蔡智堪在东京收集有关情报。

蔡智堪谱名德扁，简称蔡扁，字智堪，是台湾苗栗县后龙镇人，生于清光绪十四年（1888年），他的童年正逢中日甲午战争中国战败被迫签订《马关条约》割让台湾，亲身感受到受人欺凌的民族不幸。他11岁时跟父亲到日本东京，读书时成绩优异，后来考入早稻田大学。

1928年台湾苗栗人蔡智堪将日本"东方会议"意图占领中国的"奏折"公布于世，为此他长期被日本人关押

他不忘自己是中国人，具有很强的民族意识和气节观念。他17岁加入同盟会，遵循孙中山"要做大事"的训示，把报效祖国作为毕生的追求。

从早稻田大学毕业后，蔡智堪继承父业，在东京的"蔡丰源商行"经商。因为商务需要，他经常往返于东京与沈阳之间。20世纪20年代末，蔡智堪同王家桢结识了，共同的爱国志向，相投的直率性格，使他们无话不谈，成为知心好友。

王家桢是黑龙江省双城县人，生于1897年，比蔡智堪小9岁。他凭着勤奋努力考取了中国官派留学生，就读于日本应庆大学政治经济系。在日本留学期间，他担任中国留日学生会负责人，多次组织留学生的爱国活动，还担任了中国驻日公使馆的额外专员，代表中国驻日公使馆列席日本贵族院例会，对日本皇室非常了解，有"日本通"之称。

王家桢学成回国，正是张学良将军主政东北之初。时张学良求贤若渴，任命王家桢为其所属第三军团少将衔参议，协助办理对外事务。1928年8月，王家桢任东北保安司令部外交办公室主任。

此时的蔡智堪在日本因为经营有方，商行越开越大，他不仅资金雄厚，而且拥有一支可以下南洋的船队，成为日本的华人富商。

潜入日本皇宫抄取机密

身为华人富商的蔡智堪，在东京的上层建立了不少关系。他自愿就任东北驻日办事员，即地下情报员，把获取日本侵华情报作为报效祖国的最好方式。王家桢将委托写在一张纸条上，夹在一盒精致点心之中送到东京蔡宅："英美方面传说，田中首相奏章对我颇有利害，宜速图谋入手。"

显然，这是十分危险的事情，但蔡智堪抱定一个信念："要救台湾，先救中国"，台湾的命运与祖国相紧相连，他决定不惜一切代价，利用其与日本高层的长期交往，想方设法把机密情报弄到手。

当时日本政坛有两大举足轻重的政党——民政党与政友会。民政党是前任内阁的组阁政党，主张以经济方式侵略中国；政友会则为现任内阁的执政党，田中义一便是政友会总裁。蔡智堪与民政党党魁床次竹二郎友情很深，他利用两党矛盾劝说民政党揭发田中奏章的侵略政策，以便从舆论上打倒政友会。床次竹二郎被他说动，表示："你如果必要其物，我当为你打听线索。"他为蔡智堪引见了元老级的内大臣牧野伸显。

内大臣牧野伸显与田中义一存在尖锐矛盾。牧野伸显不同意田中义一的积极的侵华政策，当然不是出于同情亚洲各国，而是政见不同，他认为武力并吞满蒙政策会激起少壮军人动乱，危及天皇的统治。要阻止田中义一的唯一方法，就是把日本军阀侵略的阴谋向外界公布。田中义一奏折原件保存在皇宫内的皇室书库里，而牧野伸显的姜弟山下勇就在皇室书库任职。牧野伸显叫山下勇约妥皇室书库官，安排蔡智堪进入书库抄写奏折。在此过程中，蔡智堪拿出相当大一部分财产，打通上下的关系。

1928 年夏天的一个晚上，蔡智堪身背银锥、绿色绣线和皇室书库专用的黄册封皮，一副补册工人的打扮，跟着山下勇走近皇宫前的"断足桥"。护城河环绕的日本皇宫岗哨林立，警卫森严，不准一般平民靠近。皇宫共有大门 24 座、偏门 36 座，每座门前都有执长刀的皇家卫兵把守，发现有人偷渡，先挥刀砍断他的脚再处死，因此叫"断足桥"。当卫兵喝令止步时，两人停步，拿出金盾圆形的"皇居临时通行牌"。一见是内大臣的小舅子山下勇带着工人，卫兵忙点头放行。

顺利进入皇宫书库，山下勇找出田中义一奏章的原件，蔡智堪取出事先准备的半透明碳酸纸，铺在日本内阁专用笺"西内纸"写就的奏章上，就着微弱的灯光，用铅笔逐字地描出。因为奏章有 60 多页之长，蔡智堪用了两个夜晚才将全文抄写完毕。

在抄写结束的次日，蔡智堪即将田中奏折抄件封在新皮包的夹层内，携其乘船离开日本前往中国。他在沈阳小西关王公馆交给王家桢，顺利完成了这桩惊险而重大的任务。

尔后，王家桢向张学良汇报，然后着手翻译抄件。全文有 4 万多字，因时间紧张字迹潦草，许多地方需要考证和修补。田中义一的这个奏章原名叫《帝国对满蒙的根本积极政策》，王家桢觉得太长了不好记，所以在最后审定时简称为《田中奏折》。因此，流传至今的《田中奏折》之名缘于王家桢。

王家桢把《田中奏折》的中文翻译稿呈送张学良。张学良阅读后高度重视，因其内容于东北及中国的安危有直接关系，他指令手下用最快的速度印制 200 份，发给东北高级军政官员，并将 4 份送给了南京国民政府。

1929 年 12 月，南京《时事月报》全文刊登《田中奏折》。这家具有官方背景的刊物披露日本机密文件，表明了中国对于日本的警惕。《田中奏折》一公布，舆论大哗，日本军阀的侵略扩张野心激起了中国人民的强烈愤慨，中国各地举行了声势浩大的示威游行，抗日的浪潮席卷全国。

九死一生而报国无悔

蔡智堪抄取《田中奏折》交给王家桢，固然是朋友之托，但他更看重的是民族利益。现在辽宁省档案馆资料库保存着的史料中，就有1931年蔡智堪担任东北边防司令长官公署情报人员的原始文件，见证着他的报国之举。

早在"九一八"事变之前，日本殖民者对于地广人稀而物产丰饶的中国东北垂涎三尺，非法鼓动10万日本移民拥入东北。南满铁道株式会社总裁内田康哉还教唆朝鲜人到东北垦荒，在吉林省境内强占村庄，惹事生非。面对这样的复杂局面，中国政府鼓励冀鲁豫等地的人民迁徙关外，充实边疆加以抵制日本的人口侵略政策。而日本人反咬一口，认为中国人增多是他们移民政策的障碍，时常借故发难，挑起事端。

1931年初，日本参谋本部密令各地"在乡军人会"以重金收买朝鲜人，试图杀害中国人，制造"万宝山事件"。蔡智堪获知此情报后，与他的好友——美国驻东京大使约瑟·格鲁商定，由他前往实地调查，写出文章在美国发表，以引起世界舆论的关注。蔡智堪将此意向张学良请示，张学良非常赞同，特别批准了一笔津贴旅费作为工作补助。蔡智堪婉言谢绝，一切费用由他自己承担。

蔡智堪化装成记者，同日本人新渡户博士从东京出发，由朝鲜前往延吉地区调查。5月25日，到达吉林省延吉县西南的龙井村。没想到，他们被当地中国边防军宪兵怀疑是日本间谍，被扣押至县城局子街镇署处审讯。他们没带护照，又没有证明文件，虽然申辩自己不是日本间谍，但延吉镇守使吉兴（吉林陆军第三混成旅少将旅长）不相信。无奈之下，蔡智堪只得告之可向东北边防司令长官公署核实。吉兴即致电驻吉林副司令长官公署转电司令长官公署查证。长官公署当天就回电道："现在日人新渡户博士一行赴延调查，其团体中有华人蔡智堪者，人居日本，向办新闻事业，常以所得消息报告我方。据称此次赴延颇愿为一切有利于我国之宣传，求为转达等情。兹特予为先容，请俟该记者晋谒时，予以接洽，凡关于日人平日在延边种种横暴罪行之材料，均可供给。"

吉兴仍不放心，反复与上级函电往返多次，直至6月13日，东北长官公署秘书厅以急电催促其办理，蔡智堪等人才被释放。可惜的是时间被耽误了，"万宝山案"已经发生4天。日本人策划的朝鲜人与中国人械斗的"万宝山事件"，虽然没有朝鲜人被杀，但却在朝鲜引发了残害华侨的惨剧。

蔡智堪效力祖国却遭受了扣押和审讯，但他并没有怨言，更没有耿耿于怀。他回到东京后，仍继续收集有关"万宝山案"的情报，密电东北："万宝山事件乃是日本若槻内阁对北满施威的试金石。"据蔡智堪的儿子蔡咸源回忆：他妈妈说他父亲一出去有时一两个月都不回来，她晓得他在从事危险的情报工作。那时他们家在东京有三层楼，楼梯栏杆是空的，常常换芯。之所以要换芯，是因为要把秘密文件藏在里面。

此时蔡智堪在东京收集情报花费了大量钱财，已经入不敷出，但他还要资助山下勇等人的生活费用。山下勇借口原约定的钱款未付清,强占蔡智堪东京的一套房宅,还索要3万元美金。直到抗战胜利,蔡家多次交涉,这套房宅未能退还。

"九一八"事变爆发之后,围绕《田中奏折》的披露,日本特务机关展开了多方面的调查,终于对蔡智堪的活动有所察觉,罗织罪名把他逮捕入狱,没收了他在日本约200万美元的产业。蔡智堪在狱中受尽折磨,仍然坚贞不屈。后日本情报机关拿不出确切证据,只得把他释放了。出狱后的蔡智堪无法立足,决定回到他的老家台湾。1942年,蔡智堪携家人由东京赴南洋,经爪哇、新加坡等地,辗转回到台湾苗栗后龙镇的祖宅居住。

蔡智堪为国效力,几经沉浮,从万贯财产的富商变为清苦的贫民,但他终生无悔。他在晚年写过一首抒发情感的"明志诗":"多年苦难事,忠贞到盖棺;不将双行泪,轻向子孙弹。"

他的后人回忆说:"虽然家里生活很苦,很少看到父亲面带愁苦,或吐出怨叹之言,或是述说他如何有功于国家,以致现在生活困难等等。我们惭愧的是,对于父亲的一生行事知道的竟是少得可怜,只是从母亲口中知道一些。"蔡智堪的小儿子蔡旭说:"我记得父亲教我一句话,'人不学不知义',就是说人要去读书,你才知道这个义。所谓的'义',就是做人的道理。"蔡智堪八子蔡咸源说:"虽然父亲很威严,但是他对孩子都很好,教导我们要学文天祥、岳飞。他跟家里的人就讲,没有国哪有家,这些华侨在外面被人家欺负,为什么?假使你不是在外国,你就不会了解到,你需要国家很强盛。"

海峡两岸给予公正评价

蔡智堪很长一段时间对于披露《田中奏折》不置一词。1954年，有人以为披露《田中奏折》的当事人已作古了，说了一些不负责的话，病中的蔡智堪深感不安，他知道自己来日无多，有责任说明真相。应"国民党中央党史编纂委员会"主任委员罗家伦的邀请，讲述了《田中奏折》披露的经过，对这段历史做了最后交代。罗家伦经过核实，肯定了蔡智堪从日本皇宫书库秘密抄取《田中奏折》的历史事实。

1955年9月29日，蔡智堪因心脏病突发去世。终年68岁。台湾苗栗县长亲自出面组织治丧委员会，有6000多人自发地为他送葬。蒋介石也"破格"为蔡智堪题词"卓行流馨"，表彰蔡智堪的爱国事迹。

1986年，委托蔡智堪获取《田中奏折》的王家桢在北京去世，终年89岁。他生前所写的文章，也对《田中奏折》的来历做了详细陈述。

抄取《田中奏折》并公之于世的这两个当事人蔡智堪、王家桢，心系祖国的命运，也为海峡两岸永远铭记。1981年台北出版了程玉凤撰写的《台湾志士蔡智堪传》一书，著名科学家吴大猷出于对蔡智堪的尊敬，欣然题写了书名。1997年北京出版了军事科学院研究员高殿芳撰写的《爱国人士王家桢》一书，副标题为"《田中奏折》的历史见证人"。海峡两岸学术界对他们的功绩给予公正的评价，确认了他们不可替代的历史地位。

第二章
张作霖被炸身亡　张学良子承父业

一、张作霖被炸身亡 [①]

日本的关东军对张作霖一直欲采取武力解决的手段。当时的关东军司令官是村冈长太郎中将，和他的前任司令官武藤信义上将一样，是典型的武人。参谋长是斋藤恒少将。自 1910 年以后，斋藤恒几乎全在中国工作，是日本陆军中有数的中国通。他在 1927 年 1 月，写过一个《红乎白乎黄乎》的秘密文件，散发给有关人员。其中有一段直露的表白："为确立如何使中国均沾王化的具体方策，必要时当干涉其内政，并以强大的武力为背景，举凡妨害天业者应为铲除，断断乎往王道迈进。"这是露骨地欲以武力干涉中国内政的自白。关东军高层不仅费尽心机地想要以武力解决满蒙问题，而且处心积虑地想要刺杀东北王张作霖。

斋藤恒的后代保留了一本《斋藤日记》。这本日记暴露了 1928

---

① 徐悦、徐彻：《张作霖传》，国际文化出版公司 2010 年 9 月版，第 420～429 页。

年在炸死张作霖的前夕，在东北的日本高层策划除掉张作霖的内幕。日记字迹潦草，内容简略，但可以明晰地看出他们当时想要除掉张作霖的言行，以及策划的明显痕迹。

1928 年 5 月 25 日记道："松岗（满铁）副社长谈国内的空气。他辩解说要不要让（张）作霖活下去，社长没有多嘴。"

5 月 30 日记道："满铁社长来。由司令官听了他与司令官的会谈。民政党也认为，此时日本应该解决满蒙问题。但是，（1）干掉（张）作霖使日本为所欲为;（2）让其多活些日子,使其变成傀儡;（3）命列国势力入满蒙，以实现所谓机会均等，等等。首相的想法似乎还没定。"又写道："社长的想法好像是，要让（张）作霖多活几天，以便做工作。社长又说，松井顾问也希望（张）作霖多活几天；町野也同样意见。如果是为日本（利益）而要让他多活几天，当然没话说；但却又说以可怜为理由而让（张）作霖多活些日子，对日本并没有利益。

未爆炸前的皇姑屯天洞桥

因此社长的意思似乎为：这个家伙，如果好好做工作，他还是会听话，如令其多活些时候，对工作有帮助。"

6 月 3 日记道："秦少将说，21 日之以不发表奉敕命令的内容的电报，被河本拿走。又令森冈说，军宪要杀（张）作霖的计划，似由河本所规划。今天,总领事给我看电报。公使暗示军宪可能杀（张）

作霖。"

这些记载，完全暴露了在日本高层曾经酝酿讨论过阴谋杀害张作霖的问题。日记涉及的参与其阴谋的知情人物，至少有关东军司令官村冈长太郎中将，参谋长斋藤恒少将，满铁社长山本条太郎，满铁副社长松岗洋右，奉天特务机关长秦真次少将，日本驻华公使芳泽谦吉，日本驻奉天总领事林久治郎，张作霖的首席日籍顾问町野武马，以及另一个日籍军事顾问松井七夫少将等。他们策划的内容归于一点，就是是否让张作霖"多活几天"的问题。即是说，张作霖是死定了，只是早晚的问题。同时，日记明确记载"军宪要杀（张）作霖的计划，似由河本所规划"。同时，又更明确地记道："今天，总领事给我看电报。公使暗示军宪可能杀（张）作霖。"这就是说，他们事前完全明了河本大作的所作所为，知道他在"规划"暗杀张作霖的阴谋。这本日记不打自招，把日本高层当年阴谋暗杀张作霖的酝酿讨论过程，暴露无遗。

其实，早在这之前，日本在东北的军政界就提出了除掉张作霖的问题。新任驻奉天总领事林久治郎是 1928 年 4 月 25 日抵达奉天的。他为了了解情况，在 26 和 27 日连续两天，和陆军奉天特务机关长秦真次少将、奉天省政府军事顾问土肥原贤二大佐，进行了长时间的交谈。他们两人认为，"张作霖对日本的态度历来很不驯顺，有必要趁此时机从东三省把张铲除，而另以他人代之"。

张作霖对日本阴谋刺杀他，已有风闻，但将信将疑。为了保障安全，原打算乘汽车取道古北口出关，但因公路坎坷不平，本人难受颠簸之苦。且张作相担保由北京至榆关一段，沿途有吉黑两省军队严密设防,不致发生意外。吴俊升也担保由榆关至沈阳一段的安全。因此,决定仍乘火车回奉。在返奉的前几天,奉天宪兵司令齐恩铭,就觉察到日本守备队在皇姑屯车站附近的老道口和三洞桥四周,日夜放哨阻止行人通行,好像构筑什么工事,情况异常,就此曾密电给张作霖,请他严加戒备或绕道归奉。可是,张作霖对齐恩铭的提醒,没有引起足够的重视。

张作霖针对传言,也采取了相应的防范措施。他故布疑阵,一再拖延回奉的具体时间。原来宣布 6 月 1 日出京,京奉铁路备有专车升火待发,但又改期于 2 日起程。而 2 日起程的却不是他的火车。

6 月 2 日下午 7 时,张作霖的五太太寿夫人及仆役人等,登上备好的 7 节专列,由前门东站起程,先于张作霖提前出关。

3 日凌晨 1 时 10 分,张作霖及其全体随行人员,抵达前门东站。张作霖身着大元帅服,腰配短剑,精神抖擞,踏上月台。月台上送客的人山人海。来送行的有北京元老、社会名流、商界代表,以及各国使馆等中外要人。张学良、杨宇霆、陈兴亚、鲍毓麟等也到车站欢送。

1 时 15 分,列车开动。张作霖的随员趋承如云,气概非凡。随车同行的有靳云鹏、潘复、莫德惠、于国翰、阎泽溥、刘哲等高级官员,还有日本顾问町野武马、仪峨诚也(嵯峨诚也或仪我诚也)。另有张作霖的六太太马岳清及三公子张学曾、随身医官杜泽先等。

张作霖的专车,包括车头在内,共计由 20 节组成。其列车编组,依次为:机关车(车头)1 节,铁甲车 1 节,三等车 3 节,二等车 2 节,头等车 7 节,二等车 1 节,三等车 2 节,一等车 1 节,铁甲车 1 节,货车 1 节。

张作霖所乘的是第 10 节车。这是过去慈禧太后专用的花车。后经改造，外部呈蓝色，人称蓝钢车。设备先进，豪华舒适。车厢内有大客厅一间、卧房一间，另有沙发、座椅、麻将桌等。

随行人员知道张作霖和日本关系紧张，有的惴惴不安，还私下准备了药布、饼干，以备不测。列车早 6 时 30 分到达

被炸后张作霖乘坐的那一节车厢

天津，褚玉璞特意从唐官屯赶到天津车站迎送。前来迎送的还有王占元、阚朝玺等官员。停车后，靳云鹏、潘复等下车。

日籍顾问町野武马也在此站下车，这值得注意。据前文《斋藤日记》披露，町野武马其实是日本安插在张作霖身边的间谍。他一直参与是否让张作霖"多活几天"的讨论，而且对刺杀张作霖的计划已有耳闻。另据曹汝霖的《一生之回忆》一书揭露，町野武马在下车前曾切嘱张作霖"须在日间到达奉天，已露暗示"，说明他已经知道此事。但为了稳住张作霖，故意上车送上一段，也便于洗清自己。只是张作霖太大意了，没有注意他所说话的含义。不过，潘复和町野武马下车是要到德州去见张宗昌。

而张作霖的儿女亲家靳云鹏本来是要陪同张作霖回奉的。靳云鹏家住天津。但到天津站时，靳云鹏的副官上车报告说，日本领事馆派人送信，今晚 9 点钟，靳云鹏的好友板西利八郎由日本到天津

有要事相商，请他立即回宅。靳云鹏只好下车。可是在家等了一夜，此公也没露面，心里正纳闷。第二天接到电报，知道张作霖被炸身死。这才恍然大悟，原来领事馆送的是假信，免得他和张作霖一同被炸死。但这也证明了皇姑屯事件是日本预先策划的阴谋。

常荫槐在天津站上车，陪张作霖回奉天。下午4时，专车抵达山海关。黑龙江督军吴俊升特地从奉天到山海关迎接，登上火车，同张作霖亲切攀谈。后来，张作霖同莫德惠、常荫槐、刘哲一起玩麻将。晚11时，专车抵达锦州。车到新民站时，天已微明，玩麻将的人散去休息。从车窗往外看，只见铁路两旁"皆有步哨警戒，面向外立，作预备放姿势，十余步就是一岗"。6月4日晨，专车到达皇姑屯车站，张景惠等在此迎候，并说其余家人和文武官员，都在奉天新车站等候。张景惠上车同行，但没有和张作霖坐一个车厢。

距皇姑屯车站200米处是老道口，继之是三洞桥。这是日本人经营的南满铁路和京奉铁路的交叉点。南满铁路在上，京奉铁路在下。上边设有日本人的岗楼，老道口在日本人的警戒线内。

皇姑屯炸车案现场之一

专车重又启动，张作霖坐的那节车厢，当时只有张作霖、吴俊升和校尉处长温守善。早晨有些微凉。吴俊升关切地问道："天有点冷，要不要加件衣服？"张作霖看了看手表，已是5点多了，便答道：

"算了，马上要到了！"说话间，专车驶过三洞桥时，突然两声巨响，烟腾火窜，飞沙走石，铁轨像麦芽糖一样弯曲。所有列车一起震动，有的脱轨，有的起火，张作霖所乘的车厢被炸得粉碎，车身崩出三四丈远，只剩下两个车轮。吴俊升头部不幸扎进一颗钉子，躺在车厢里，当即死亡。六太太的脚受了

皇姑屯炸车案现场之二

轻伤。温守善也受了伤，急忙爬起来到张作霖的跟前，一看，张作霖当时没死，内里伤看不见，只咽喉处有一个很深的窟窿，满身是血。温守善用一个大绸子手绢把伤口堵上，然后和张学曾一起，把张作霖抬到齐恩铭的汽车上，由副官王宪武抱着横卧在车上，两边还有三公子张学曾和随身医官杜泽先，以最快的速度向大帅府驰去。

到了帅府东院的小青楼，马上把张作霖抬到一楼的会客厅里，紧急进行抢救。后来，又请来小河沿盛京施医院的院长英人雍大夫，参与抢救。但终因伤势过重，于当日上午9时不幸死去，年仅54岁。他说的最后一句话是："我受伤太重……恐怕不行了……叫小六子快回奉天！"后来，其灵柩停厝在东门的东厢房里，直到"九一八"事变。

从张作霖的临终遗言可以看出，他把全部的希望都寄托在张学良的身上。

同车被炸负伤的高级幕僚还有：原农工总长莫德惠，头部受伤；

陆军总长张景惠，颈部受伤；教育总长刘哲、总参谋长于国翰，也被炸伤。随行的日籍顾问仪峨诚也，面部及手腕受轻伤。后经英文《时事新报》记者披露，此次事件共计死亡20人，受伤53人。这就是日本关东军制造的骇人听闻的"皇姑屯事件"。

炸车时间是1928年6月4日早晨5时23分。日籍顾问仪峨诚也作为陪绑，也受了轻伤。关东军认为："为国家前途，牺牲一个仪峨来爆炸列车，也是无可奈何的事。"他下车后直奔日本人士井原公馆治疗。午后，奉天总领事林久治郎召见仪峨诚也，了解情况。仪峨诚也说，爆炸之前，他同陈庆云一同到张作霖的车厢。那时张作霖和吴俊升相对靠坐在椅子上，正在他向张、吴问早安的一瞬间，发生了爆炸。

其实，在爆炸发生约30分钟，奉天交涉总署日本科科长关庚泽，就给日本驻奉天副领事河野打去电话口头抗议说："日本人在交叉点附近炸毁了张作霖乘坐的专列。"河野不满地反问："是否已有确实证据？"关庚泽不容置疑地说："证据尚待核实，但系日本人所为则是确定无疑的。"这就是说，

皇姑屯炸车案现场之三

在爆炸发生后的第一时间，中国即已确认是日本人所为，并且通知了日本人。以后的事实证明，这个判断是完全正确的。河野把关庚

泽的口头抗议向林久治郎作了汇报。

林久治郎对此是心中有数的，知道是日本人干的。但为了推卸责任，便提出双方共同调查。1928年6月4日早8时，日本总领事馆派内田领事与奉天交涉署日本科科长关庚泽会同调查。调查结果，双方的结论分歧很大。内田领事认为，这次事件"是南方便衣队投掷的炸弹"造成的。关庚泽反驳说："爆炸如此猛烈，绝非人力所能投掷。"6月10日，内田找到关庚泽，拿出一份打字的日文报告，内称这次爆炸是南方派来的便衣队所为，要他签名盖章联合发表，遭到关庚泽的拒绝。关庚泽明确地说："在调查时，我曾声明，既然双方意见分歧，大可不必写共同调查书！"内田口气强硬地威胁说："如果你不答应盖章，日本军人将对你过不去，于你不利。"关庚泽坚决回应道："张大元帅偌大的人物都被炸伤，我这样一个小角色又算什么呢，任凭它吧！"内田无法，只得退去。6月11日，内田领事又到交涉署，要求中国方面签字，又被中国方面拒绝。

中日共同调查之后，中国方面又单独进行了调查。6月5日，奉天兵工厂派俄国工程师罗米托夫和达尔尼两位专家，由关庚泽等陪同，再一次进行仔细测量观察，并拍下现场照片10张。调查后俄国专家鉴定分析：一是炸药量。根据爆炸力如此猛烈分析，其炸药量约有500磅至600磅，而且埋设两处；二是炸弹位置。其一处是在桥洞南侧石垛上方与上边铁桥脚连接处。另一处，在中间桥洞之副桥北端；三是炸药放置方向。炸药是"由铁桥上面安置的"，也就是说，是在日本人守备的南满铁路线上偷偷安放的。而且，又确认"断非有此技能之人所能办的"。这个调查，完全戳穿了日本人的谎言。其结论是：炸药是安放在日本守备队警戒的南满铁路桥上，而且整个炸药的埋设、引爆，都是由精通爆破技术的专门人员精心设计安排的。

据交涉署日本科科长关庚泽的报告称：张作霖专列共 20 节。被炸车厢在中部，即第 9—12 节。第 9 节车厢上部及门窗，均被石块、枕木所毁，后部尤重。第 10 节大包车，是张作霖、吴俊升等所乘，车身几乎全被毁坏，仅剩前门框，后部车轮脱落向右倾斜，并有火烧痕迹。第 11 节是饭车，破坏最重，所有机轮都已损坏，又遭火焚。第 12 节车厢为睡车，前部损坏较重，也遭火焚。这一切都说明，日本人准确地掌握并操控了爆炸时间。同时，关庚泽又查看了两个所谓南方便衣队的尸体，发现除刺刀贯通伤痕外，还有很多注射吗啡的针眼，说明他们的"体格似非健全"。因此，不能认定他们就是南方便衣队。

"皇姑屯事件"都知道是日本人干的，但他们竟厚着脸皮硬是不承认。日本关东军参谋长斋藤恒少将约见张作霖的日文秘书陶尚铭，虚伪地说道："据关东军所得情报，炸车确系出南方间谍之手，实为张作霖将军不幸。"日本政府对此一直讳莫如深，守口如瓶。直到第二次世界大战结束日本投降后，在东京审判时，始由日本前陆军省兵工局长东宫隆吉少将全部揭露，才知道这是前关东军高级参谋河本大作大佐等人所犯下的罪行。

二、事件真相 ①

日本关东军高级参谋河本大作大佐是设计暗杀张作霖的直接凶

---

① 徐彻、徐悦：《张作霖传》，百花文艺出版社 2004 年 8 月版，第 430 页。

手之一。上文提到，这一历史谜案，直到 20 年后才由事件的参与者东宫隆吉供述出来。原来炸车时，东宫隆吉上尉担任沈阳独立守备大队中队长，驻守皇姑屯的三洞桥附近。他接受河本的指示，负责炸车的技术工作。爆炸时的按钮就是他按的。因此，他洞悉整个事件的内幕。后来，河本又口述了他策划阴谋刺杀张作霖的更多内幕情况，由历史学者笔之于书，才使事件的全貌大白于天下。河本的《我杀死了张作霖》，就是他的自供状。

河本大作自述，他在关东军任高级参谋时，曾以随员的身份，参加了日本东京的东方会议。在会上，讨论了日本对满蒙的政策。他力主对于奉天军阀已非外交抗议所能收效。关东军司令官武藤信义强调用武力来解决。田中首相也同意这个主张。于是，大体上决定了以武力解决的方针。

河本大作狂妄地说："我认为，只要打倒张作霖一个人，所谓奉天派的诸将，便会四散。""干掉头子——除此之外，没

河本大作——皇姑屯事件的策划者与指挥者

有解决满洲问题的第二条路，只要干掉张作霖就行。"1928 年 5 月 18日，田中声明发表之同时，关东军司令部密议，乘张作霖败退出关之际，迫其下野。但在会上，河本大吼道："杀掉张作霖岂不是一切问题迎刃而解！"并进一步发挥道："迫张下野，谁能保证其继承人之改弦易辙，若较张更难控制又如何？杀掉张作霖，其子张学良必不善罢甘休，其部下亦必骚动，我军可借维护治安名义，解除奉军

武装，一举占领满洲，进而另觅属意人员，在我军保护下，组织政府，满洲权益问题岂非一劳永逸。"这是河本打的如意算盘。

他的言论得到与会少壮军人的拥护。继任的关东军司令官村冈长太郎中将，有田中首相"放手而为"的指示，遂裁定照河本主张行事。于是，暗杀张作霖的计划就开始实行了。

河本认为，要杀掉张作霖"用谋略应该就可以达到这个目的"。

关东军司令官村冈长太郎，曾秘密派遣竹下义晴少佐，到北京与驻华使馆武官建川美次少将联系，组织刺杀张作霖的行动。河本大作在《我杀死了张作霖》里写道："有人认为，假华北日军之手，便能够轻而易举地干掉他。因而决定派遣竹下（义晴）参谋为密使，前往华北。"指的就是这件事，"有人"这个人，就是指关东军司令官村冈长太郎。这就完全说明了暗杀张作霖是关东军最高领导人的决策。

在奉天的沈阳馆，村冈长太郎司令官向竹下义晴交代赴北京组织刺客并暗杀张作霖的任务。竹下受命后，从司令官室出来，在二楼走廊上遇见了河本。他对河本说："现在我要去北京。"说话时，神情紧张。河本看其表情有异，觉察必有要事，就邀请竹下晚间吃饭。晚间在沈阳十间房招待所的一个"绿"字号的客间里，他们同桌共饮。席间，趁酒酣耳热之际，河本一再追问竹下为何急赴北京。竹下不得不把他北京之行的目的，告诉了河本。河本得知内情后，认为这样办不妥。他傲慢地分析道："不要多此一举，万一失败了怎么办？华北方面有没有敢于干这种事的人，实在不无疑问。万一的时候，不要给军方或国家负任何责任，而由一个人去负一切责任。否则虎视眈眈的列国，一定会乘这个求之不得的机会来胡搞。所以由我来干好了。"竹下很觉为难，说他不能不执行司令官的命令。河本解释说，作为司令官直接参与这件事是不恰当的，对你来说不违反司令官的命令，有他河本一个人就足够了。最后说服了竹下，由他主持暗杀张作霖的任务，而竹下听从他的指挥。他当即派竹下和田中两参谋，赴京侦察张作霖的行期。他们二人借同北京武官处联络的名义，从事调查张作霖之列车编组及行车时刻。很快，竹下就拍来了密电，说张作霖已经决定出关，并报告了火车的预定行程。因此，河本便派出关东军特务机关的石野芳男大尉到山海关，武田丈夫、神田泰之助到新民屯等京奉铁路要地，命令他们切实监视火车到达和启动的具体时间、地点，并及时报告他。

关于暗杀地点问题，他们对照地图，一再研究。开始认为巨流河上的大铁桥很合适。于是派某工兵队中队长去侦察，结果发现奉军戒备森严，无隙可乘。而且，安装炸药最少也得一个星期，时间也不够。这个地点只得放弃。后经多方研究，得出满铁线和京奉线的交叉点最为安全的结论，因为满铁线在上面，京奉线在下面。日本人在那里活动，不会引起别人的注意。同时，根据非法的"南满铁路条约"，中国军警是不能靠近南满铁路的。这就为他们布置埋设重磅炸药，提供了便利条件。

关于暗杀方法问题，他们也精心策划。无非是两种方法，一个是用炮弹袭击火车，一个是用炸药炸毁火车。如果用第一种方法，马上就会知道是日本人干的。如果用第二种方法，也许能不留痕迹地达到目的。因而他们选择了第二种方法。

此外，为了预防爆炸失败，他们又策划了第二道计划，即令火车出轨翻车计划。他们计划乘混乱之机，使刺刀队冲上去刺杀。特派荒木五郎率领一支队伍，充当刺刀队。

关于现场布置及爆炸执行问题，他们选中了驻守当地的日本守备队中队长东宫隆吉上尉。并自朝鲜新义州调遣工兵一组，携带电气发火之500磅高爆炸药两箱，配属其作业。特派关东军神田、富田两大尉负责勘定地点；派工兵队长管野装置电流炸药；派东宫隆吉专门负责控制电流。

日本关东军派自朝鲜调遣来的工兵，在铁路交叉点上，工作6个小时，将120公斤黄色炸药，分装在30个麻袋内，放置在铁路交叉点桥墩上面的两处地方。为了保证爆炸成功，他们设置了两道爆炸装置。同时，在桥墩500米外的瞭望台上设有电线按钮，以控制触发爆炸。

为了掩盖其罪行，河本又阴谋设计了嫁祸于南军的计划。5月27日，河本在迁移到奉天的关东军司令部内，邀见日本浪人安达隆成。向他交代，要找3名中国人，以作替死鬼。安达转托中国失业军人刘戴明，并引见于河本，以2万元成交，讲明事后结账，当即给刘戴明1000元。刘戴明觅得3名吸食大烟的无业游民，他们是吴贵生、张文才和查大明，每人给50元钱。让他们到日本附属地的澡堂洗了澡，换上了新衣服，好吃好喝，但不许出门。6月1日凌晨1时，把他们带到南满陆桥地点，命日本兵刺杀了吴张两个人，并在死人身上塞进表明与南方有关系的信件等物。但意想不到的是，查大明则趁黑逃走。

爆炸当时，随着两声巨响，黑烟腾空 200 多米。河本写道："我以为张作霖的骨头也飞上天空了，其黑烟和炸声，使我惊奇不已。"因此，他认为"第二道的出轨计划和刺刀队现在都用不着了"。

爆炸之后，河本大作 ① 所希望的东北发生大混乱局面，并没有出现。河本便指使日本浪人在满铁附属地投掷炸弹，并诬告是奉军所为，故意制造混乱，以便浑水摸鱼，从而取得关东军出兵东北的理由，企图乘机占领整个东北。但是，留守东北的督军署参谋长臧式毅和奉天省长刘尚清非常冷静，沉着应对。约束奉军，不得同日军轻易发生冲突，使得关东军找不到借口出兵。当然，日本武装占领东北的条件还不成熟，他们还要等一等，也是一个原因。

其实，河本大作早在 1927 年 12 月就想炸死张作霖。为此，他与川越守二上尉和北满土匪头子中野某策划，曾经先后制造了中东铁路的东部和西部路线上铁桥的两起爆炸案。只炸铁轨，不炸列车。他们想以此来测试中国、苏联和日本的反应。果然如他们所料，这些国家报纸的报道认为，东部线的爆炸案是张作相干的，或者是白俄罗斯人反抗张作霖的暴政干的；西部线的爆炸案则是齐齐哈尔的吴俊升干的。没有人怀疑是日本人干的。由此，他们发现许多人反对张作霖。因此，他们认为，伪装成中国人来杀死张作霖并非不可能。

在 6 月 4 日早 8 时，中日双方共同调查时，日本内田领事，有

① 1932—1945 年，河本大作先后任"满铁"理事、"满洲炭矿株式会社"理事长。日本投降后，河本大作投靠山西军阀阎锡山，加入国民太原绥靖公署暂编独立十总队。1949 年 4 月，在牛佗寨被中国人民解放军全歼。太原解放后，这个"双料"战犯被公安机关逮捕后，在狱中因病一命呜呼。参见郭晓华著《东方大审判》第 145 页。

意劝引中方调查人员说："桥洞以南数十丈远处，有便衣队二人，被守备队刺杀，请同往勘验。"大家只好跟着内田向南走，发现有两具男尸。这两个人均系剃光头，年30余岁，胸背均有刺刀贯通伤三四处。腿背肚腹，吗啡痕迹甚多，体格似非健全。尸体旁放置新奉天草帽两顶，靸鞋一双，另一双靸鞋，放置瞭望台旁。而且，发现死者手中"各持有俄国制炸弹一个。搜检衣袋，查出密信二封，内有不稳言语"。当场打开一封信，是私人信件。又打开另一封信，有红格宣纸制成的信纸两页，已破碎不全。在信纸红格上部，横书"国民革命关东招抚使用笺"。右边直书"革命尚未成功"，左边直书"同志犹须努力"。据此，内田领事认为，这两个人肯定是南方便衣队的。但是，中方调查人员一眼便看穿了日本人的鬼把戏，知道这是他们制造的假现场。

张作霖被炸后，于6月4日上午10时30分，日本陆军省迫不及待地发表了一个声明："有人在沈阳车站与奉天车站之间的交叉点，对张作霖所坐的列车投掷了炸弹。由此张作霖和吴俊升受轻伤，另有几人伤亡。警备队即时枪击便衣队。但日军与中国军之间并没有发生任何冲突。"肆意欺骗舆论，说这是"便衣队"向"列车投掷了炸弹"造成的。这是日本人在给这个事件定调子，造假象。

日方关于此次事件说法互相歧异，自相矛盾。为了统一口径，奉天总领事林久治郎召开了一个碰头会。6月5日上午9时，特务机关长秦真次、高级参谋河本大作、奉天宪兵队长三谷清、警察署长和田、当夜负责警备的独立守备队长东宫隆吉（东宫铁男）、张作霖的顾问仪峨诚也少佐等，都准时到会。他们决定："今后我方的一切消息均以军司令部发表的事实为准。至于那两个中国人被击毙也统一定为 4 日凌晨发生的事情。"谣言总是破绽百出的。他们在做弥缝补苴的后续工作，以便继续混淆视听。

一个星期以后的 6 月 12 日，日本陆军省又发表了一个声明，继续造谣："……4 日上午 3 点钟左右，有 3 个形迹可疑的中国人想爬上满铁线的堤上。我监视哨兵走近问他们是谁，他们却要投炸弹。于是我士兵遂刺杀其中两个人，一个逃走。检查中国人的尸体结果，发现两颗炸弹和两封信。其中一封是私收，一封是国民军关东招抚使书信的片断。由这些，可以断定他们是南方便衣队队员无疑。"就这样，日本把这起轰动中外的炸车事件完全推到了南方国民军的身上了，与他们没有任何干系。

但是，纸总是包不住火的。令日本人感到非常难堪的事情发生了。出乎意料之外，另一个逃跑的中国人查大明来到奉天监狱，要求收容保护。因为他面临着生命危险，日本人正在追查他。张作霖被炸后，他听日本人宣传说是"南方便衣队"投弹炸了张作霖，感到日本人有阴谋，就来到奉天监狱，找到典狱长，揭发了日本人的阴谋。当天，查大明身着灰布制服，脚穿黑布靰鞋。同被刺死的另外两个人，一样打扮。据他说："我们数人在南满站做小工，因吸食白面，被日本警察抓走，拘留在一处，也没有审问。先给我们剃头洗澡，然后换上我穿着的这身新衣服和新鞋，并且给我们吃好的，喝好的。住了好几天以后，那天半夜忽然把我们几个叫了起来，带到南满铁桥地点，对我们说：你们随便走吧！当时我觉得莫名其妙，可是我知道日本小鬼子没安好心眼，我早就提防上了。果然，这时过来几个日本兵，一语未发，用枪刺向头先的几个人。我一看不好，撒腿飞跑，拼命逃进城来。"这就是日本人所说的"南方便衣队"的真相。典狱长听罢，感到事关重大，立即报告上级。至此，奉天当局掌握了确凿的证据，证明"皇姑屯事件"就是日本人一手策划并实施的。但鉴于当前复杂的形势，奉天当局并没有深究。

爆炸完后，刘戴明向河本大作索要欠他的钱。河本赖账不还，并担心刘戴明揭发他们，就设计把刘戴明骗到旅顺暗杀了。

其实，从揭发出来的历史事实看，河本大作只是谋杀张作霖的直接凶手之一。而真正的元凶，则是关东军的整个高层，特别是关东军司令官村冈长太郎。他们炸死张作霖，企图借此占领整个东北。但是，他们没有达到这个目的。因为东北的元老和张作霖的继承人张学良临危不乱，处置有方，才得以平稳地渡过这个难关。

三、张学良就任东三省保安总司令

曾任日本驻奉天总领事代理的森岛守人后来回忆道："本来，策划爆炸者的企图，并不只是为了杀害张作霖一个人。主要目的是想乘列车爆炸和张的死亡而引起社会紊乱之机，立即出兵。进而挑起大规模的武装冲突，然后使用武力彻底解决满洲问题。列车爆炸后，在奉天城内日本侨民会等几处连续发生的投弹事件，也无一不是为了给日本出兵制造借口。"他倒是说出了当时日本军方的企图。

当时留守东北的奉天省长刘尚清和奉天督军署参谋长臧式毅，面对复杂的内外形势，沉着冷静，商讨对策。他们在第一时间，就把张作霖遇难的实情，由密电处急电前方的张学良。为稳定局势，安定人心，决定封锁消息，秘不发丧。对日本人则采取虚与委蛇的策略，等待张学良顺利归沈。

6月6日，奉天省公署发表通电称："主座由京回奉，路经皇姑屯东南满铁道，桥梁发生爆炸，伤数人，主座亦身受微伤，精神尚好……省城亦安谧如常。"

此外，府里谢绝一切往来，凡知情人员均嘱保密。就连在救治张作霖现场的小河沿盛京施医院院长英人雍大夫，也被军医处长王宗承诚恳地嘱咐说："这件事关系太大，希望做到严守秘密。"雍大夫为人诚实，当英国驻奉天总领事问他时，他只说负伤了，严守了秘密。他因此也丢掉了院长的职务。"每日厨房照常开张作霖的饭，杜医官天天来府假装换药并填写医疗经过和处方，以瞒过日本的窥探。日本方面不断有人来慰问求见，皆婉言谢绝。"张作霖的生死，外界一直无法得知。奉天总领事林久治郎为探听实情，提出派日本医师去为张作霖诊治，遭到婉言谢绝。其间，日本顾问町野武马找到省长刘尚清打探虚实，刘尚清平淡地说："大帅精神很好，能进饮食。"

日本林久治郎总领事派他的夫人到帅府来访，以探究竟。寿夫人正披头散发，哭得像个泪人。一听日总领事夫人来访，即命副官陪入客厅休息。自己赶紧梳洗打扮，艳装华服一如平日，走进客厅，连声道歉说："因为大元帅遇险轻伤，并受惊吓，我侍候他抽过大烟，安置睡下，致劳久候。"一面命副官开香槟，相互举酒干杯，共庆大元帅鸿福齐天，得逃大难。谈笑风生，毫无悲戚之感，尽欢而散。

张作霖的日文秘书陶尚铭一直同日本领事馆有来往，特别是与日本军方有联系。林久治郎记道："他虽然一直致力于两国人士间的交往,但自 4 日事件发生以后,陶与其他亲日派官员到大帅府时,一律不准进入张公馆的内部,因此关于张作霖的生死情况,他也无从得知。8 日,他在公馆门前嗅到了焚香的气味,又窥见女人们身着丧服,才察知张作霖虽死但尚不报丧,因而把情况告诉了我们。从此以后,张作霖的死耗,才逐渐被一般人所知晓。"

6 月 9 日,刘尚清在行政公署设宴欢迎林久治郎到任。日方 10 多名文武官员参加,有林久治郎总领事、内田领事、河野副领事及守备队长、地方事务长等。中国方面由刘尚清和臧式毅做东,交涉署官员作陪。在会上,刘尚清说:"愿中日两国继续亲善,勿因无根之言,致生疑虑。"这是在张学良未归之前,刘尚清所采取的稳住对手的策略。

张作霖被炸的 6 月 4 日(农历四月十七日),正是张学良的生日。张学良生于 1901 年农历四月十七日,阳历是 6 月 3 日。而 1928 年的农历四月十七日,阳历却是 6 月 4 日。张学良过生日是在农历四月十七日。这一天,杨宇霆、孙传芳和军团部的高级人员及少数亲友,在中南海的万字廊,举行了一个小型聚会,以示祝贺。忽接奉天密电:"雨帅皇姑屯遇难,速回奉料理善后。"张学良当即机警地告诉大家,张作霖的专车被炸,大帅受伤,来客遂不欢而散。当杨宇霆等离去后,屋里只剩下张学良和刘鸣九时,张学良低声说道:"老将不在了!"遂即泪如雨下。张学良把悲痛埋在心里,表面一切如常。三四军团的人只知大帅受伤,不知已经亡故。

情况突变。张学良临危不乱,冷静采取对策。他立即命令长辛店、卢沟桥一线的三四军团,火速向滦河方向撤退。当晚,他和杨宇霆离京东去。离京前，安排奉军鲍毓麟旅留在北京维持秩序。5日，张学良和杨宇霆抵达军粮城。7日，在芦台以东之汉沽与张作相会商奉军撤退事宜。决定三四方面军团部设在锦州，吉军驻扎山海关、锦州之间。此后，张学良、杨宇霆赶到滦州，收束军队。

这一时期，张学良主要处理的是张宗昌的异动问题。张宗昌图谋不轨，军纪太坏，又企图出关，索要奉天省东边道地盘。张学良坚决阻止他出关，遂有滦河以东解决直鲁联军之战。战斗是以后的8月打响的。张学良在滦州做完应对张宗昌的军事部署后，把前方指挥权交给杨宇霆，就秘密返回奉天了。

当时张学良的卫队营营长崔成义的回忆：张学良在返奉奔丧前，曾特派黄显声先行赴奉准备。一天，张学良将崔叫到他的列车上，对他说："你知道老将遇难了吗？"崔答："不知道。"张学良又说："我打算派你护送我回奉天。"崔说："是！"停了一会儿，张学良又说："老将遇难，伤势情况如何还不得而知。恐敌人于途中对我有所留难，沿途要多加注意。如有询问我的行踪的，应予保守秘密，以防万一。"崔营长即遵嘱带领全营官兵做好准备。

6月17日，张学良派刘多荃团分乘两列火车回沈，张学良乘第一列兵车。临行前，张学良把长发剃光，特意换上灰色士兵服装，杂坐在卫队营的士兵中间。卫队营长崔成义和张学良的副官谭海暗中保护。车到山海关，机车上水停车，有3名日本宪兵打听，本列军车的最高指挥官是谁，士兵答称是崔营长。日本宪兵来见崔，询问列车去奉天干什么，崔营长答回沈后另有任务。又问张学良是否在车上，崔答不在。列车经过绥中、锦州、沟帮子等站，各站站长皆上车打听张学良是否在车上。看情况，他们已经知道了张学良回沈的消息。

列车从新民县车站继续开行后，张学良嘱咐崔说："经过老将遇难处时告诉我一声！"列车过兴隆店车站后，崔营长立即报告就要经过该地。列车经过南满铁路交叉点张作霖遇难处时，张学良探身窗外观望，神色惨淡，一语不发，默然良久。列车一直开抵奉天西边门车站，时为 6 月 17 日上午。

列车抵站后，张学良的随行副官谭海先下车探视，见黄显声一人已在车站等候迎接。张学良随即由黄显声、谭海二人陪同，未经车站站台的出口处，横穿铁道东行，乘早已准备好的汽车，直驶大帅府。

于凤至初见张学良，看到他那身灰突突的穿戴，吓得"妈呀"一声。张学良来到客厅，擦了把脸，连衣服也没换，就到大帅灵前哭奠去了。想起老父平日的慈爱，想到其父悲怆的惨死，他情不能禁，号啕大哭，几至昏厥。家人怕张学良哭晕过去，赶忙由两个人把他搀扶起来，送到外室，让他渐渐地冷静下来。

张学良安全返回奉天，使奉天的军政界感到有了主心骨。

当前需要解决的第一个问题是督办军务一职，必须立即由张学良接替。

6 月 18 日，奉天各法团会议，公推张学良继任奉天军务督办。为此，正式发表了一个通电，电文称："案奉镇威上将军铣电开，本上将军现在病中，所有督办奉天军务一职不能兼顾，着派张学良代理，仰即知照，并转所属一体知照，等因。奉此，除分行外，合令该员知照。

此令。"因为张作霖死亡的消息还没有公布，张学良只能暂时以代理的名义出现。

6月19日，张学良在奉天督军署正式就职，并通告各国领事。官商各界纷纷前往拜谒，各国驻奉领事，也同时赴督军署祝贺。至此，奉天的人心安定，社会稳定。

6月20日，张学良发表《就任奉天军务督办通电》，公布施政纲领5条：(1)罢兵言和，反对内战；(2)睦邻政策，友好外交；(3)精兵主义，兵农实边；(4)开源节流，政治改革；(5)尊重民意，取诸公决。"以上所列之则，秉承于庭训，内之则发动于良心。端绪虽繁，精神不贰。志愿所在，生死以之。敢布腹心，敬希公鉴。"这是张学良的就职宣言。

张学良就任奉天军务督办，这个重要问题解决了，就可以顺理成章地宣布张作霖的死讯了。

6月21日下午，奉天省长公署正式公布张作霖逝世的消息。成立葬仪委员会，委员长为张作相，副委员长为袁金铠。开吊公祭，为张作霖发丧。全城下半旗。停止一切歌舞，以示哀悼。并成立葬仪筹备处，以东三省官银号总办彭贤（字相亭）为处长，负责勘测葬地和修建陵墓。同时公布《张作霖遗嘱》：

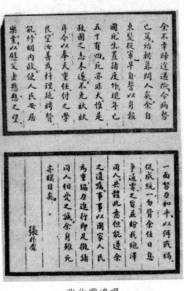

张作霖遗嘱

"余不幸归途遇险,今病势已笃,殆朝暮间人矣!余自束发从军,早自誓以身报国,死生置诸度外。现年已五十有四,死亦非天。惟是救国之志未遂,不免耿耿耳。今以奉天重任付之学良,望汝善为料理,延聘贤能,修明内政,使人民安居乐业,以慰父老悬悬之望。一面努力和平,以弭战祸,促成统一,勿背余佳日息争通电之旨。并盼我袍泽同人共体此意,但能遵余之遗嘱,事事以国家人民为重,协力进行,即足征诸同人相爱之诚,余身虽死,亦瞑目矣。张作霖。"

这个遗嘱,据说是督军署秘书处长谈国桓操孤,并经张学良过

张作霖(1875—1928)

目的。遗嘱反映了张作霖本人的意愿,即:一是名正言顺地把东北军政大权传给张学良;二是谆谆告诫张学良要罢战息争,保境安民。

发丧期间,张学良没有露面,也没有守灵。负责接待外宾的是陶尚铭、周培炳等。陪灵守孝的是学铭、学曾、学思等。一般内务由五太太寿夫人主持。

葬礼极为肃穆、隆盛。东辕门搭有黑白两色布扎的斗拱飞檐的牌坊,辕门两侧站有4名臂带黑纱荷枪的岗兵。帅府正门也搭有牌坊,有8名岗兵站岗。灵堂设在二进院正房中间过厅。灵座正中是大元帅的遗像。像前置放供器,燃烛焚香。

前来吊唁的人,往来如梭。各国驻奉领事,各省、各市派来的官员,

来客依次到灵前鞠躬致哀。帅府内设置乐队，整天哀乐不止。这场丧事从 6 月 11 日至 8 月 7 日，前后共操办了 49 天。

丧礼过后，督军署秘书处长谈国桓，把治丧期间的吊唁文字收集成册，编成 4 巨册的《张大元帅哀挽录》。书名由"谈国桓敬题"。全书为线装铅印本，封面和封底均为黑色。书貌墨色沉着，表现心情沉重。全书共 3 编，第 1 编 1 册，第 2 编 1 册，第 3 编 2 册，分为卷上、卷下。

第 1 编有遗像、遗墨、遗嘱、行状、典礼摄影、各地追悼摄影。

遗像是张作霖任大元帅时期、安国军总司令时期、东三省巡阅使时期、师长时期和统领时期组成，计 5 幅。遗墨有张作霖在帅府假山门洞上题写的石匾"慎行"、"天理人心"和"一丸塞寒谷，三箭定天山"、"智深须有忍，将勇贵能谋"、"神威扬万里，英勇冠三军"等 3 副对联。遗嘱为手书体。《中华民国陆海军大元帅张公行状》为手书体，是标准的楷书，计有 4478 字。此文主要是叙述了张作霖的生平，赞扬了张作霖功德。最后写道："每慨光复以还，海内以攻伐相寻，几无宁宇。东三省处边隅之地，赖公之长驾远驭，撑距其间，独晏然无兵戈之患。然则天之使公应运而兴，岂无意乎？"丧礼摄影有 5 幅相片。各地追悼摄影有 14 幅相片。

第 2 编有祭文、诔文、挽诗、碑文。

祭文 88 篇，首篇是吴佩孚的祭文，开篇写道："呜呼！天下滔滔，乱民接踵。东北义旗，一隅犹重。公之一身，国之梁栋。闻公之亡，临江长恸。非公之惜，惟国是痛。轵里无名，博浪竟中。始闻而疑，今腾于众。呜呼哀哉。自与公交，寒暑两经。以事变之纷扰，致肝胆以莫倾。恐瞑目而长往，或遗恨于九京。爰馈奠以致辞，而告慰夫英灵。呜呼哀哉。"祭文很长，出自吴佩孚的手笔。感情真挚，催人泪下。

吊词5篇，其中4篇系日本人敬挽，1篇系中国人敬挽。诔文4篇，其第4篇是开原华商会小学校全体学生敬挽。铭1篇，为四言体诗，无作者名。赞2篇，为四言体诗，是联名同挽。挽诗11首，为五言体和七言体诗，4人所作，其中吴廷燮一人敬挽8首。

第3编有挽联。挽联1421副，有国内各派军阀，如曹锟、段祺瑞、吴佩孚、孙传芳、靳云鹏、李宗仁、白崇禧等人所送，也有各界人士所送。

张作霖与原配夫人赵春桂的合葬墓

段祺瑞的挽联："薤露悲凉怀旧雨，云车缥缈黯灵旗。"曹锟的挽联："开国旧功高千古英雄同涕泪，传家遗泽永一时金石见交情。"李宗仁的挽联："与总理生前为友述志有人能令橄枪化日月，当中原多事之秋捍边最力每从辽海想旌旗。"

1928年11月，为张作霖选中了抚顺东38公里的高堂子村南，一个向阳的山冈，作为陵址。决定由东三省官银号总办彭相亭主持修建元帅林。1929年动工。1930年前后，张学良在北京购买了大批石雕石刻，其中大部分来自北京龙恩寺、清代饶余敏亲王、安亲王和明代太监的坟墓。饶余敏亲王即努尔哈赤第七子阿巴泰，安亲王是阿巴泰的第四子岳乐。石刻的年代大部分是明代和清初，少量是清代中晚期。石刻的拆运是一个大工程，共进行了8个月。石刻运到抚顺约在1930年。1931年夏即将竣工，突发"九一八"事变，工程停止。1954年修建大伙房水库，元帅林最前部分的前门等被水淹没。1973年，抚顺成立了石刻管理所。1978年拨款修复元帅林。1979年正式开放，接待游客。

1931年，张作霖的灵柩从帅府移到小东边门外的株林寺暂放。

后来彭相亭和张作相出面，与伪满洲国总理大臣张景惠相商，改葬在锦县（今凌海县）东北驿马坊张家墓地。该墓地是张作霖的生母王太夫人所建。张作霖的发妻、张学良的生母赵夫人殁，亦葬于此。1937年6月4日，张作霖九周年忌辰之日，将张作霖的灵柩葬在赵氏夫人南侧。灵柩入土后，用水泥板封口，将其与赵氏共同培成一座大墓。1984年此墓被列为锦州市级文物保护单位。重建大门，新铺甬道，围以铁栏。

发丧期间，张学良没有停止其他工作，抓紧组建东北最高军事领导机构。

6月23日，在奉天召开东三省军民联合会议，讨论恢复保安总司令及易帜问题。张作相、袁金铠、于珍、邢士廉等军政首脑均出席。会议开到27日结束。会议决议恢复东三省保安总司令名义，推举张作相为东三省保安总司令兼吉林保安司令。但张作相坚决推辞不就，并反复向各方做工作，极力推荐张学良就任该职。张作相素称稳健，对张作霖生前极为忠诚，并自知无力应付当前复杂的局面。他认为，张学良少年英俊，干练有为，完全能够担此危任，应对内外。张学良继承父业，是理所当然的事。他将这个想法分别说给旧派听，旧派接受了他的意见，同意他辞职不就。张作相复以老资格的身份，首推张学良为东北保安总司令。新派对此当然欢迎，旧派亦随声附和地共同拥戴了。张学良从此掌握了东北的领导权，对张作相寻常呼为"辅帅"，始终以长辈的身份尊崇之。

7月2日，东三省议会联合会会议决定：准予张作相辞职。此次会议决定一致改推张学良为东三省保安总司令兼奉天保安司令。

张学良就任东三省保安总司令后，通电全国，收束军事，息争议和。表示今后对于国事绝难用武力解决，因为民生极困，外交紧迫。决心以整理东北为己任，誓保东三省之治安。

就这样，东北地区平稳地交接了政权，顺利地渡过了难关。从而粉碎了日本鲸吞满蒙的痴心妄想，使日本侵占东北的狂妄计划推迟了3年。

第三章
东三省陆军讲武堂　炮兵科同窗好友

一、关玉衡张学良结为莫逆之交 ①

张学良，字汉卿，号毅庵，小名小六子，又叫双喜，笔名毅公。

张学良出生地纪念馆

双喜是张将军的第一个小名。原来，张作霖在八角台（今台安县）落脚之后，匪徒项昭子来攻打八角台。张作霖一面与项昭子作战，一面命汤玉麟保护夫人赵春桂等家眷去桑树林子躲避。清光绪二十七年四月十七日（1901 年 6 月 3 日），赵夫人在夫台安县桑树

---

① 杜尚侠：《百年少帅张学良》，中国社会出版社 2009 年 7 月版，第 3~4 页。

林子张家窝堡的途中，在马车上生了一个白白胖胖的男孩，他就是张作霖的长子张学良。孩子出生的时候后脑勺磕在车厢板上，磕出个大口子，给张学良留下了永生的伤疤。这时的东北仍然春寒料峭，赵春桂产前三餐不继，产后又没得到调养，惊恐、饥饿、疲倦之中又受了风寒，以致母子都生了病。赵氏生下孩子，却没有奶，只好把高粱米饭嚼碎了喂孩子。报信人跑到八角台报喜，喜不自禁的张作霖当即双手合十，嘴里不住地念佛。因为张作霖刚刚打败项昭子，现在又喜得贵子，真可谓双喜临门，所以给孩子取名叫双喜。此时，有谁能想到这个小男孩在数十年后竟成为中国近代政治舞台上举世瞩目的风云人物呢？

在小双喜长到三岁的时候，张作霖请了个算命瞎子给儿子掐算生辰八字。瞎子先说这孩子命大，将来必然能位列三台，光宗耀祖；可是命太硬，要克爹克妈克兄弟。张作霖忙问破的法子。瞎子说："必须改名，还要到庙上跳墙，拜寄给和尚。跳完墙，听到别人叫的第一个名字，就是他的小名。"什么叫跳墙和尚？就是将孩子许到庙里当和尚，然后再跳墙跑掉。

张作霖选了个黄道吉日，抱着小双喜到庙里进香随喜。庙里的老和尚为小双喜念经诵法，把一个写有双喜名字的小纸人压在铜钵底下，算是叫双喜的孩子已经出家当了和尚，留在了庙里。然后主持跳墙仪式。老和尚嘴里念念有词，道："自小多灾害，父母担惊骇，自许入空门，全凭佛爷带。前殿不打扫，后殿不礼拜。脱下僧袍来，赶出山门外。"然后低头问小双喜："你可懂我的意思？"接着在小双喜脑袋上轻轻拍了一掌，张作霖就催儿子快往庙门外跑。小双喜迈过门槛，跳过门前摆放的板凳，这板凳就算作墙。跑出庙门不远，就听村里有个老太婆喊："小六子，抱柴火。"张作霖一听乐了，想："小六子，好！小六子就是小留着。我这宝贝儿子留住了。"于是，按照佛教中的"记名和尚"克服"命硬"规矩，"小六子"便成了张学良的乳名。从此，小双喜就改名小六子。张作霖不仅在背后，就是在人前，也不叫儿子的大名，总是小六子长，小六子短，一直叫到皇姑屯被炸身亡。

小六子长到七岁的时候，他父亲张作霖已经是驻防新民的巡防五营统带官。地位高了，自然不能到寻常的塾馆念书。张作霖就在家中设馆，请当年教过自己的杨景镇为儿子开蒙。既然入学读书，就得有名有字才行。张作霖说："老先生，您老是老饱学，就麻烦给小六子起个大名吧。"

杨老先生端详了一阵小六子，先说"逸春"，再改"从善"，很快又说"不妥"，又沉思了一会儿说："张将军，贵公子相貌清秀，骨骼不凡，将来必然大贵。我倒想起张氏先贤汉代名臣张良。他曾在博浪刺杀秦皇，后隐居坯上，得遇黄石公，获得兵法，辅佐汉高祖刘邦，运筹于帷幄之中，决胜于千里之外，被封为留侯。贵公子或为当代张子房乎？此后当做治国安邦的栋梁之才。故此拟名'学良'二字，不知将军意下如何？"

张作霖一听，乐得直拍大腿，说："好，好，就叫'学良'。"

杨景镇又说："张良是汉高祖的贤臣，此子字汉卿，怎样？"

张作霖又一拍大腿，说："好，名好，字也好。"

杨景镇又沉思一会儿说："我再送贵公子一个号，叫'毅庵'。毅者，坚强、果决之义也。古人云'致果为毅'。《神仙传·焦先》中有：'居河之湄，结草为庵'之说。辽河之侧正为神仙筑庵。这便是'毅庵'的含义。"对这别号，张作霖也十分满意。从此，张学良的名、字、号就定了下来。除了名、字、号之外，张学良将军还有鲜为人知的笔名，叫"毅公"。张学良自幼接触的人物，都是张作霖绿林时期的伙伴。他们大都操枪弄炮，以仗义行侠自诩。所以，张学良从小崇拜的就是有良心侠骨、重江湖义气的草莽英雄。赶上庙会，他一定要家里给他买来木制的刀剑和戏剧人物的假脸，和小朋友们一起演占山为王的游戏。他最崇拜的是他的父亲张作霖，他觉得父亲智勇双全、义气千秋，是一个大英雄。他曾暗暗发誓，长大后要当父亲那样的英雄人物。后来，由于接受了中西合璧式的教育，他心目中的英雄人物形象渐渐有了变化。

有一次，张作霖把张学良叫到跟前，说："你已经十好几了，古书洋书也念了不少。现在，我这个大老粗的爸爸要考考你，看你究竟是块什么料。如果是块钢，那我就往刀刃上使；是铁，就打门环；是木头，就做个镢头把。"张学良不怕老师考，可偏怕父亲考，主要是怕他出偏题、怪题，所以有点紧张。

张作霖说："考试得像考试的样子，你给我站好！李世民是哪朝人？"

"唐朝。"张学良的心放下了。原来父亲出的题这么简单。

"你喜欢他吗？你愿意效仿他吗？"张作霖显然把自己比作唐高祖李渊，希望儿子成为李世民，他们张家也能开创一个朝代。

"不喜欢，也不想学他。"张学良回答得非常干脆。

张作霖没想到儿子竟和自己想的不一样，就瞪大眼睛问："那你喜欢谁？"

"我喜欢民族英雄岳飞、文天祥、戚继光、史可法、丁汝昌。岳武穆的'莫等闲，白了少年头'和戚继光的'封侯非我愿，但愿海波平'，都让儿子激动不已。文天祥的'人生自古谁无死，留取丹心照汗青'，更是我的座右铭。"

"好儿子，有种！"张作霖见儿子虽然不愿做唐太宗，但要做的也都是大英雄、大豪杰，便夸奖起儿子来，还用双手抓住儿子的肩膀使劲摇晃了几下。

1918 年底，张作霖建立东三省巡阅使署，调巡阅使署参谋长张作相成立卫队旅(第三旅)。张作相任命 18 岁的张学良为卫队旅营长。张学良虽然有了少校领章，但还只是虚职，算是半个军人。

翌年 2 月，张作霖因增编陆军混成旅需要干部，就以原 27 师军官为基础，下令恢复停办多时的东北三省讲武堂，定名为东三省陆军讲武堂，并将总办改为堂长，由张作霖兼任；另设监督一职，由教育长负实际责任，最先任教育长的是毕业于日本陆军士官学校的熙洽。校址在小东边门外原军官团旧址。学员名额原定 228 名，是第一期。后来，校名改为东北陆军讲武堂，共举办八期。

东三省陆军讲武堂是一所培养中下级军官的军事学校，学制一年，教官多聘请北京陆大、保定军官学校和日本士官学校出身的军官担任。教育课程，主要参照日本陆军士官学校和保定军官学校教程制定。

张学良在进讲武堂前，认真准备功课，迎接入学考试，最终以四科考试第一的成绩考入东三省讲武堂。

张作霖又把儿子找去训了一次话，问道："你真要当军人吗？"

"我真当军人！"张学良回答得干脆。

"好！"张作霖心里头高兴，但嘴上却说："你要想当军人，就要把脑袋拉下来拴在你裤腰带上。"那意思是说，也许在战场上被打死，也许被长官处死；要干，要当军人，你就要把"死"字扔开。张学良把这话牢牢地记下了，从此以后他脑子里一直没有忘记这个"死"字。

在讲武堂里学习的几乎全是行伍军人，只有张学良例外，而且年龄最小，只有19岁。他喜欢学习炮兵，志愿入炮兵科学习。在学科方面，编入第一教授班；在术科方面，属于第四区队，也就是炮兵队。就这样，张学良作为讲武堂的首届学员，迈出了军人的第一步。

既然踏入军事之门，又取得了相当的成绩，兴趣自然提高了起来。再加受师友的鼓励，张学良便改变了初衷，决心做一个合格的军人。他不但渐渐改变

讲武堂时期的张学良

了思想，就连生活也有所变化。以前，他接触的多是教会人士，几乎成了基督教徒；现在，接近的多是军人，受他们的影响，渐渐地鲁莽放荡起来，融入了旧军队的行列之中。

由于炮兵的"射击原理"比较高深，非具有高中以上的数学、

物理知识不易掌握，那些行伍出身的学员学习起来很困难；而张学良有文化基础，悟性高、记性强，再加刻苦努力，学习成绩自然高人一头。学习一个月以后，进行月考，张学良得了第一名。同学们不服，憋足劲在以后的考试中再比个高低。不料，第二个月考、第三个月考和第四个月考，张学良都考了第一。这一来，学校里同学们纷纷议论：

"肯定是他爸爸张大帅跟教育长熙洽串通好了。要不凭他一个小毛孩子能总考第一？"

"教官看他是大帅的儿子，还不溜须拍马，把题先透给他呀。"

不用说，这议论也传到了校方的耳朵里。一天，教育长熙洽突然走进教室，登上讲台，让学员们都调动了座位，跟原来同桌的人都分开。他出了四道题当堂考试，其中一道题是"步骑炮之联合作战"，到下课时，只有张学良一个人把四道题完全答对了。教育长在堂上宣布说："你们看，你们谁都没答上来，只有他答完全了。"这次考试之后，同学们对张学良无不心服口服。

因为张学良学习好，总考第一，就当上了区队长。没过多长时间，他就把第一期二百多名同学的姓名、字、年龄和籍贯都记熟了。有个叫陈兆麟的同学不相信，张学良就请他提问，结果全答对了。

在讲武堂里有六大军事教程，即战略、战术、兵器、军制、交通、筑城，这些都是必学的。张学良并不以此为满足，他求知若渴，利用余暇时间，跟随教官傅仲云学习高等军事学。战术教官郭松龄还热心辅导他炮兵基础理论和操作方面的知识，他们从此建立起很深的友谊。

1920年春，刚从东三省陆军讲武堂毕业的张学良升任了陆军第三混成旅旅长。这个旅就是东三省巡阅使署卫队混成旅。

关玉衡，1898年出生于吉林省宁安县（黑龙江省宁安市）宁古塔城。宁安是中国人民反帝斗争的老根据地。清廷曾在这里设置"宁古塔将军衙门"，作为抗击沙皇俄国侵略的前线阵地。在多次抗敌战争中，宁安的许多仁人志士前仆后继，血洒疆场，其英雄壮举世代相传，使

东北陆军讲武堂正门

少年关玉衡深受爱国主义的熏陶。

关玉衡自幼在家乡读书，后升学就读于吉林中学。他领头闹学潮，痛打了贪污学生制服费的校长，被开除学籍后毅然投笔从戎。由于作战勇敢，很快被提升为排长、连长。

1919年2月，经张作霖批准，关玉衡进入讲武堂编入第一教授班第四区队即炮兵队，与张学良成为同窗好友。关玉衡比张学良年长3岁，两人便称兄道弟成为好哥们。1919年冬，讲武堂学员全副武装进行战斗演习，在赴沈阳东郊四方堂往返40多公里的途中，掉队的人很多。张学良、关玉衡不但没掉队，而且率先返回小东门外讲武堂内，受到战术教官郭松龄的赞扬。

晚饭后，张学良与关玉衡肩并肩在讲武堂操场散步。

"玉衡兄，古代的英雄豪杰你喜欢谁？"张学良问。

"我喜欢民族英雄岳飞、文天祥、戚继光、史可法、丁汝昌。"关玉衡未加思索，一口气回答。

"你的座右铭是什么？"

"文天祥的'人生自古谁无死，留取丹心照汗青'，是我的座右铭。"

"好！太好了。"张学良转身握紧关玉衡的双手拥抱在一起激动地说，"这也是我的座右铭。从现在起咱哥俩义结为金兰之契，此生甘苦与共，永不改变，如何？"

"好！太好了。"俩人同为爱国热血青年，共同崇拜岳飞、文天祥、戚继光、史可法等英雄豪杰，相约共同创造丰功伟业报效国家，进而成为莫逆之交。

二、为营救被捕的共产党员马骏，关玉衡遭到张作霖的贬谪

1925年秋，关玉衡在奉军第10军任营长。11月末，张作霖闻关玉衡身经数战从未负过伤，认为他是逢凶化吉、遇难呈祥的"福将"，带在身边能"冲福"，遂命他为帅府警备处长兼汽车队长。1926年末，张作霖指挥"安国军"入关进京。同年11月29日，经孙传芳、张宗昌两人带头"劝进"，以直、鲁、豫、苏、皖、赣、浙、闽、陕、晋、察、热、绥、吉、黑十五省区共同通电推戴的形式，推举张作霖为"安国军"总司令。12月1日，张作霖在北京蔡园举行了隆重的就职仪式。随即任命关玉衡为大帅府驻京军务处长、陆军上校衔。

张作霖杀害李大钊

1926年4月，直奉鲁豫联军武装开进北京后，联军随即发布的"治安条例"特别规定：宣传赤化，主张共产，不分首从，一律处死刑。同年12月6日，张作霖就任安国军总司令后，发表反共宣言，声称：

"吾人不爱国则已，若爱国则非崇信圣道不可；吾人不爱身家则已，若爱身家则非灭绝赤化不可。"当年，在革命形势日渐高涨的状况下，中国共产党主要创始人兼中共北京区委执行委员会总负责人李大钊在社会上的名声越来越大。李大钊和北方国共组织决定发起一次以推翻张（作霖）、段（祺瑞）政府，建立"国民政府"为目的的革命运动，即"首都革命"。对此，张作霖极为恼火，痛恨之极，必欲寻机除之而后快。

当年，李大钊有三种身份，一是共产国际在中国的代理人；二是国民党中央执行委员北方地区负责人；三是中国共产党北京区执

青年时期的李大钊　　　　　　中国共产党早期领袖李大钊

行委员会总负责人。李大钊是北方中共、国民党的领袖。他的重要任务有两项：一项是选派得力人员到南方参加北伐战争，另一项是选派年青的共产党员去苏联学习。李大钊成为连接南北革命的关键

点。一条条军事情报、政治情报汇聚到苏联大使馆西院的一个兵营里，再秘密分发出去。李大钊的作用举足轻重。1926 年 3 月 18 日，北京各界十余万民众、200 多个社会团体，齐集天安门，举行反对八国最后通牒示威大会，李大钊即为大会主席之一。随后各团体推荐出2000 多人组成的请愿团，再赴段祺瑞政府所在地请愿，遭到军警的血腥镇压，死 47 人，伤 200 多人。李大钊亦走在队伍的前列，在赵世炎、陈乔年的掩护下，才得以脱险，头部和双手均负伤，并一度被捕。

　　1927 年 4 月 5 日，有幸在上海结识了李大钊，后来成为中国共产党秘密党员的杨度 ① 到北京平湖饭店参加时任北洋"第一流人才内阁"总理兼财政总长熊希龄女儿的婚礼，无意中遇到北洋政府外交委员会委员长汪大燮。汪神秘地把嘴凑到杨度的耳旁，低声说："张（作霖）大帅已决定要对共产党（李大钊）开刀了。"杨度一听，震惊得出了一身冷汗。他急忙借故中途离席，赶回家中。令其长子杨公庶速去章士钊家报警。章士钊毫不迟疑，立即驱车到苏联大使馆西院兵营里见到李大钊劝他赶快撤离，转移到东交民巷使馆区，那里享有治外法权，北洋政府的军警不能进去抓人。面对章士钊的劝告，李大钊平静而又镇定地说："我不能走，我走了，北京的事谁来做呢？"

　　李大钊身边的人得知这个消息，有人不信，认为历届北洋政府都惧怕外国使团，不敢与外国使团发生冲突，不敢进苏联大使馆。为防备万一，李大钊及时安排几位身边的同志转移到别处隐蔽，置个人安危于不顾，留下来坚守岗位。

---

① 左玉河："从帝制祸首到中共秘密党员：晚年杨度的华丽转身"，载《党史博览》2013 年第 2 期。

张作霖对中共和国民党北方机关的破坏蓄谋已久，并进行了精心策划。

第一个阴谋，是利用苏联大使馆西院兵营招用伙夫、车夫和勤杂工之机，选派 4 名特务混进兵营，监视中共和国民党北方机关及李大钊的活动，并了如指掌。

第二个阴谋，1926 年 12 月 30 日，张作霖亲自出马到北京东交民巷拜访各国公使，向列强表明其坚决反"赤化"和尊重现存各种不平等条约的态度。次日，各国公使也相约到顺承王府回访张作霖，以表示列强对奉系政权和张作霖本人幕后作用的默认。同时派安国军外事处处长吴晋背着当时的中国外交部，私下与外国驻北京外交使团团长荷兰大使欧登科磋商，取得了荷、法、日等国的支持。因为在反苏反共问题上，他们是配合默契、完全一致的。

第三个阴谋，是派出多名警察、特务严密包围苏联大使馆及兵营，紧盯外出人员，防止重要人物撤离。

1927 年 4 月 6 日，清明节。早晨 8 点多钟。张作霖命令京师警察总监陈兴亚[①]指挥军警宪特 300 余人，不顾外交惯例和国际公法，包围并搜查苏联驻北京大使馆，其中有 10 多名军警翻墙跳入大使馆西院的兵营，强行逮捕了李大钊和在该处工作的共产党员、国民党左派党员共 60 余人。

李大钊被捕的消息传出后，国内外舆论大为震惊。北京《晨报》

[①] 陈兴亚，"九一八"事变后，辞官闲居北京。1950 年在镇反中被捕，对杀害李大钊一事供认不讳，1959 年死于北京。参见张学继：《张作霖幕府与幕僚》，浙江文艺出版社 2011 年 1 月版，第 49 页。

在报道这一消息时说："闻李大钊受讯时，直认其姓名，并不隐讳。态度甚为从容，毫不惊慌，彼阐述其信仰共产主义之由来，未谈党的工作，但否认对北方有密谋。李大钊被捕时，着灰色棉袄，青布马褂，俨然一共产党领袖气概！"

李大钊是北京大学教授，又是新青年运动、五四运动的主要领导者。李大钊被捕当天，北京九大国立大学校长连夜召开紧急会议，商讨营救之策。并于4月12日再次召集会议，决定发表书面声明，希望张作霖能够采取宽大主义，把李大钊移交法庭办理。

杨度在李大钊被捕后，立即前往安国军司令部面见张作霖，郑重地提出应将李大钊等人移交地方法院审理，试图使李大钊等人不至于被军法速决，赢得时间，再做进一步营救。杨度断然卖掉北京的住所——"悦庐"公馆，换得4500块大洋，用来营救李大钊出狱。

杨度还借重时任北洋政府司法总长及教育总长章士钊的名望竭力周旋。杨度在营救活动中得知中共北方党组织和铁路工人，准备劫狱进行营救，表示同意。但在狱中的李大钊坚决反对："我个人为革命为党牺牲是光荣而又应当，但已是党的损失。我不能再要同志们冒险，应当保存力量不使革命再受损失。"

当时北京有个组织叫"政治会"，由曾任北洋政府国务总理的梁士诒主持。政治会讨论后认为，逮捕李大钊，不经过正常法律程序，对法制精神会有影响，也会引起国际上的一些纠纷。并决定推举梁士诒面见张作霖，提出法制界的一些意见。

章士钊则游说奉系总参议杨宇霆向张作霖说情，不要以一时之意气杀戮国士，而以千载恶名。尔后，张学良和奉系军阀的一些比较开明的人士，也都主张对李大钊从宽。

4月7日，苏联政府代办向北京政府外交部提出抗议，说张作霖这种搜查是"空前未有的、公然践踏国际法基本原则的暴行"。

4月10日，苏联政府又将抗议书交给中国驻苏代办郑延禧，并提出四项要求：（1）立即撤退使馆军警；（2）释放被捕官员及贸易局人员；（3）归还我武官室搜去的文件；（4）归还被劫物品。

4月19日，苏联代办齐爱尔尼克率领全体馆员30余人回国。临行时未向外交部辞行，外交部也未派人前往送行。

李大钊的命运如何？关键在于张作霖。当时，社会各界舆论反响强烈，美英等国对于中国司法状况提出质疑，奉系内部两派角力，苏联政府强烈抗议，提出的四项要求十分强硬。无奈之下，张作霖给孙传芳、张宗昌、阎锡山等五大军阀发出急电，咨询对李大钊的处理意见。在对付共产党问题上，蒋介石和张作霖互相勾结，串通一气。蒋介石在"四一二"反革命政变后，曾密电张作霖，将所有逮捕的共产党人立即处决，以免后患。张宗昌则回电说，李大钊是"赤党祸根"，"巨魁不除，北京终究危险"。

张作霖则认为，李大钊的所作所为，严重地动摇了他在北方的统治，于是完全失去了理性，穷凶极恶，垂死挣扎，在警察总监的一个客厅里，秘密组织了一个特别军事法庭，由何丰林任审判长、军法处颜文海任主席法官，于1927年4月28日，进行了仅仅70分钟的审判，以所谓"反国家罪"判处李大钊等20多人死刑。当天下午，在北京西郊民巷京师警察厅看守所，将李大钊等20多位革命者施以绞刑。临刑时，李大钊正气凛然，视死如归，第一个从容就义，年仅 38 岁，充分表现了一个伟大的共产主义战士的光辉形象。①

关玉衡极力营救被捕的共产党员马骏

1927 年 12 月 20 日上午，张作霖大帅府。

门卫哨兵向关玉衡报告：一位自称是同乡的年轻女士求见。关玉衡即命哨兵引见。

一位长相俊美的年轻大学生走进办公室，满脸涨红，有些惊恐地瞅了两眼关玉衡身边的卫士。关玉衡会意，屏退了左右。

"关处长，马骏、倪红茂、韩幽桐昨天被抓了，请赶快营救，求您了！"女大学生急切地说，"我们是并肩战斗的战友。"

关玉衡知道，1927 年 12 月陈兴亚率军警宪特兴师动众地抓捕共产党人，没想到他的三位同乡也在其中。

马骏，1895 年出生在黑龙江省安宁市的一个回族家庭，与关玉衡同乡。马骏有一头乌黑蓬松的长发，一双浓眉下，两只眼睛乌黑发亮，闪着坚毅而热情的光芒。他健康、结实、强壮，满脸络腮胡子。充沛的精力和生命在他身上就好像水在壶中沸腾一般，浑身像火焰似的生气蓬勃。他是中国共产党早期革命活动家，五四运动杰出的青少年领袖之一，是周恩来、邓颖超的亲密战友。他从青少年时代起就积极投身革命洪流。五四运动期间，1919 年 5 月 26 日，京津学生两千多人推马骏为总指挥，在北京包围总统府、国会和国务院。斗争坚持了三天。京师警察总监吴炳湘调动数千名全副武装的军、警、保安队，再加派骑兵，把请愿群众驱赶到天安门前，用木棍

---

① 郑刚：《红色纪要》，西苑出版社 2000 年 2 月第一版。

和枪托演出了一场"全武行",打伤学生一百多人,强行逮捕马骏等代表。为了救援这些代表,天津学生五六百人再次赶往北京。这一次,

青年时代的马骏

周恩来也去了。他们同北京各界代表一起,连日在总统府门外露宿请愿,要求释放被捕代表。全国各地也纷纷声援。5月30日,两次被捕的代表终于都得到释放。

马骏曾率领京津万名学生代表大闹天安门,被誉为"马天安",是中国近代史上唯一被人们以天安门命名并加以称颂的民族英雄。"五四"运动后,马骏与周恩来等人发起创建了中国最早的青年进步组织——"觉悟社"。1921年马骏加入中国共产党,是东北地区党组织的创始人之一。1925年10月,被派赴莫斯科中山大学学习。1927年大革命失败,中共北方区委领导人李大钊等20多位共产党员和革命群众惨遭杀害,马骏奉调回国,临危受命担任中共北京市委书记兼组织部长,负责重建北京市委。马俊很快重建了北京市委并开展了党的各项工作。同年12月,马俊被京师警察厅逮捕。①

关玉衡送走了女大学生,立即前往陈公馆拜见陈兴亚说:"马

---

① 许枫、杨宗丽:"建党初期少数民族中的杰出人物",载《党史博览》2012年第6期,第52页。

骏、倪红茂、韩幽桐是我的同乡，他们都是大学生、穷学生，根本不是什么共产党。"陈兴亚因反赤有功，刚刚被晋升为中将，颇有些志得意满，趾高气扬，但对关玉衡这位大帅府的警备处长却不敢怠慢。他狡猾地推托说："人是我抓的，是大帅的命令，我得执行啊。放人？我可没这个权利。你去找阚朝玺 ① 吧，案子归他办。"一推了之。

关玉衡不得不去找帅府军政执法处处长阚朝玺，说明了原委。阚朝玺仰头闭目思虑一会慢吞吞地说："你这个大帅的红人，这点面子我会给的，但得大帅发话。否则，我这脑袋得搬家。"

关玉衡深知营救这些共产党人要承担极大的风险，但更被这些共产党人反对列强，为国家民族而舍生忘死的大无畏精神所感动，加之为同乡之情、心腹之交，遂决定冒险向张作霖求情。

早在1926年4月，直奉鲁豫联军开进北京后，即公布"治安条例"特别规定：宣传赤化，主张共产，不分首从，一律处死刑。像李大钊这样名声很大的共产党人，自然成为北洋军阀的眼中钉。关玉衡前来为几个同乡求情，张作霖很恼怒，他骂骂咧咧地说："小关，你好大的胆子，敢为共产党求情，你敢具保这三个小子不是共产党吗？"

"敢！"关玉衡斩钉截铁地说，"我这就具保，如有假，甘愿处长不当，下去当个大头兵。"

关玉衡理直气壮的话，让张作霖不容置疑。他马上给阚朝玺打

---

① 阚朝玺，1928年张作霖被炸死后，他隐居大连。1931年"九一八"事变后投日，任伪奉天地方自治维持会副委员长。后任伪中央银行总裁。1945年8月日本投降后匿居沈阳。1951年被人民政府逮捕处决。参见张学继：《张作霖幕府与幕僚》，浙江文艺出版社2011年1月版，第35页。

电话，要他认真审理，不得有误。三天后，阚朝玺没有抓到倪红茂、韩幽桐是共产党的真凭实据，报告张作霖后将二人释放，但马骏仍被关押。关玉衡心急如焚，四方求人继续营救，仍希望渺茫。他做了最坏的打算，义无反顾地再次冒险恳请张作霖释放马骏。张作霖勃然大怒，拍案大骂："关玉衡，他妈拉巴子，你小子也太不识抬举了，我已经放了你两个同乡，给够你的面子，不要以为是你的同乡都能保下来。马骏是什么人？他是李大钊手下的得力干将，是共产党在北平的1号头目，他要革老子的命，我岂能饶他！有确凿的证据，你不要脑袋了？滚！"

关玉衡此举，惹翻了张作霖，他一声令下免去了关玉衡的本兼各职，调离帅府。

副司令长官张学良念其旧情，对他说："你是炮兵科毕业的，就管炮兵吧。"于是，

马骏纪念馆位于黑龙江省宁安市，于1995年6月落成，同年8月正式开馆，总建筑面积1283平方米，为三层楼仿古建筑。馆内有马骏头部塑像，二层飞檐下悬挂着邓颖超同志生前亲笔题写馆名的匾额。

任命他为东北炮兵军参谋处长。

1928年2月15日，马骏被张作霖下令杀害，年仅33岁。

关玉衡惊悉马骏英勇就义，悲痛万分，在家设置灵堂祭奠马骏的英灵。晨昏一炷香，遥寄数载。

第四章
张学良就任陆海空军副总司令

一、东北易帜 [①]

1928 年 12 月 14 日，东北保安委员会和东三省议会联合会召开联席会议，一致决定：东北三省将于 1929 年 1 月 1 日易帜。蒋介石急不可待，认为当年事情应该当年完成，东北易帜不必等到 1929 年元旦，必须于 1928 年 12 月 29 日宣布东北易帜，定于 1929 年元旦庆祝，张学良表示同意。

1928 年 12 月 24 日，张学良向东北三省发出电报命令，决定于 12 月 29 日宣布易帜，东三省同时取下北洋政府的五色旗，悬挂国民政府的青天白日满地红旗，要求东北各省秘密赶制青天白日旗。

这样，经过长达半年的艰苦曲折的外交斗争，1929 年 12 月 29 日凌晨，张学良领衔发表《东北易帜通电》，全文如下：

南京中央党部、国民政府主席暨各委员钧鉴，各院长、

---

① 张雪继、刘红：《张学良全传》，经济时报出版社 2006 年 1 月版，第 81~83 页、145~149 页。

各部长、各委员会、各政治分会、各省党部、省政府、各总司令、总指挥、各司令、各师旅长、各法团、各报馆均鉴：

中山先生三民主义，在癸亥甲子之际，先大元帅赞助最早，提携合作，海内共知。自共党横施阴谋，流毒海内，不特中外皆为疾首，即中国国民党及总理之主义，亦几为之不彰。先大元帅发起讨赤之师，首先述明与中山先生合作历史，词旨恳切，专注反共，本无黩武之意。五月佳日，又有息争通电，临终以力主和平，促成统一为嘱，苦心远虑，益复昭然。现在国府诸公，反共清党，与此间宗旨相同，彼此使者往来，一切真相，更加明澈，自应仰承先大元帅遗志，力谋统一，贯彻和平，已于即日起宣布，遵守三民主义，服从国民政府，改易旗帜，伏祈诸公不遗在远，时赐明教，无任祈盼。

张学良、张作相、万福麟、汤玉麟、翟文选、常荫槐叩

在同一时刻，奉天、吉林、黑龙江三省各政府机关、团体、工厂、民居一律悬挂起青天白日旗，降下了代表北洋政府统治的红黄蓝白黑五色旗。

通电发表后，东北当局在奉天省政府礼堂举行易帜典礼。张学良在典礼上演说时阐明了易帜的理由："我们为什么易帜，实则是效法某先进国（指日本）的做法。某方起初也是军阀操纵权力，妨害中央统治，国家因此积弱。其后军阀觉悟，奉还大政于中央，立致富强。我们今天也就是不想分中央权力，举政权还给中央，以谋真正统一。"

12月30日，南京国民政府任命张学良为东北边防军司令长官，

奉军编入国民革命军序列，改称东北边防军；同时任命翟文选、张作相、常荫槐、汤玉麟分任奉天、吉林、黑龙江、热河4省省政府主席。

1929年1月2日，又组成以张学良为主任委员的东北政务委员会，委员有张学良、张作相、万福麟、翟文选、常荫槐、张景惠、汤玉麟、王树翰、刘哲、方本仁、莫德惠、刘尚清、袁金铠13人。除方本仁外，全是东北军政要员。

东北边防军司令长官张学良（1929）

同年1月4日，在奉天省政府大厅内举行就职宣誓典礼。除日本外，各国驻奉使节均应邀参加。张学良第一次身穿中山装，精神抖擞，在南京国民政府代表方本仁监誓下，正式宣誓就职：

　　"余以至诚，实行三民主义，服从长官命令，捍卫国家，爱护人民，克尽军人天职，此誓。"

宣誓后，张学良即席发表演讲，说明易帜的目的，并表示今后唯有竭尽智能，效忠党国，务期边防巩固，中央少北顾之忧，内政修明，黎庶具春台之乐。

3月1日，奉天省改称辽宁省，省会改称沈阳市。

至此，中国南北实现了形式上的统一，"北洋军阀"从此成为一个历史名词，这是中国社会的一大进步。

东北易帜，结束了新老军阀混战的局面，促成了国家的和平统一，维护了国家领土主权的完整，沉重地打击了日本帝国主义企图分离东北的野心。张学良在易帜斗争中所表现出来的反日爱国思想和高尚的民族气节,令人钦佩,值得赞扬。《大公报》后来评论说:张学良"数年来反对内战,促成统一成功,终有其不可湮没者在。其富于爱国思想,实旧军人所罕见者也"。

当然,通过和平易帜,张学良保住了东北集团的地盘和军队,达到了分治合作的目的,并增强了他的权力基础,使他得以在此后将近三年的时间里平稳地掌握东北政权,按照他的理想建设东北。

日本侵略者是不会甘心失败的。对于东北易帜,中国实现统一,日本侵略者已是气急败坏。1928年12月31日,林久治郎拜见张学良,转达了田中首相30日的电令:帝国政府对此颇感意外,今后在此新的情况下,万一无视与帝国之条约协定,或阻碍与东三省进行中的交涉,以及因东三省治安紊乱可能影响我方权益时,帝国政府为维护权益及维持治安,自当断然采取必要的措施。

二、张学良就任陆海空军副司令

自1930年9月18日"巧电"发出,东北军入关,一切进展顺利。10月9日,张学良踌躇满志地在沈阳宣誓就任中华民国陆海空军副司令职。

这天,在辽宁省政府大礼堂举行了盛大的就职仪式。东北空军出动了9架飞机在沈阳城上空散发传单,约800名社会各界人士参加了庆典,各国驻沈阳领事也出席了大会。张学良首先宣读誓词:

> "予以至诚,实行三民主义;遵从总理遗教,捍卫国家,爱护人民,努力于本职。此誓。"

吴铁城代表国民党中央做监誓人,并致训词:"本党政府特以此重任付托张副司令者,知张副司令笃信本党之主义,接受国民革命之使命故也……任重道远，惟望张副司令辅助蒋总司令，同心协力，共策进行，党国前途，实利赖之。"接着，张群代表国民政府向张学良颁发特任状和关防，并致训词说：

"今张副司令就职之后，更可以全国陆海空副司令之职辅弼中央蒋总司令奠定大局，办理军事善后，俾政府得以从容建设，此诚国家长治久安之计，万事不朽之盛事也。愿张副司令与蒋总司令共同努力图之，幸甚幸甚。"张学良身着戎装，胸前挂满勋章，从张群手中接过特任状和关防后略致答词："今日学良遵奉国民政府命令，就任陆海空军副司令之职，蒙中央党部、国民政府颁示训词，敬聆之余，无任钦惕。惟国事蝟蟛，时艰方亟，才轻任重，深惧弗胜。惟有恪遵总理遗训，恪尽职守，俾邦基统一，早告完成，而付全国人期望之雅，谨志数语，希鉴微忱。"

同一天，张学良向全国发表《就任陆海空军副司令通电》：

6月21日，奉国民政府令，特任张学良为陆海空军副司令，闻命之下，悚惧弗胜。学良猥以轻才，才及壮岁，既愧学殖之疏浅，重以阅历之未宏，已蒙倚畀之隆，寄以防边之责，勉竭十驾，方懔冰渊，矧此最高之军模，夫岂绵力所能任。迭经披沥忱悃，吁请收回成命，未蒙俞允，而海内外巨人长德，转复电函纷集，责以所难，诚知爱吾者深，乃致□其菲薄，必欲硁硁固拒，实辜期望之殷，惟举鼎须量己力，宁可覆竦束遗羞，故长虑却顾而不敢径前者，学良个人不足惜，不敢不为党国慎重也。比以"巧"电表示促进和平之主张，猥蒙当世不哂，益复敦迫就职，不容稍延，爰于本日在沈阳宣誓就职，谨当从总司令之后，为党国服劳，除报告中央外，敬此电达，所翼鉴其愚诚，加以督教。

从此以后，张学良的部下对他由"少帅"改称"副司令"。蒋介石为兑现张学良提出的"开国民会议，制定约法"的承诺，决定在

1930年11月12日孙中山诞辰纪念日召开国民党第三届四中全会，讨论此一问题，特别邀请张学良以国民政府委员身份列席会议。因为这时张学良虽在东北易帜后宣布加入国民党，但还没有正式履行手续，不是正式党员。张学良也感到东北

张学良宣誓就任中华民国陆海空军副司令后与张群（前排右一）、吴铁城（右三）等合影

的各方面情况，尤其是华北的善后问题需要向蒋介石汇报，协商解决办法，遂欣然接受。

11月7日，张学良率王树翰、鲍文樾、黄显声、张学铭等一批文武官员，并偕同南京方面的吴铁城、张继、刘光，在上百名卫士的护驾下，乘夜车离开沈阳。8日抵达天津。10日，蒋介石派出的迎接代表张群、贺耀组（原名贺耀祖）到达天津迎接。二张再度重逢，备感亲切，稍作会晤，即于当晚7时在津浦路乘专车南下。

11月9日，东北军旅长缪澂流曾致电张学良劝阻，称"路远途艰"，不可南行。10日，张学良回电，坦然地表示："此次赴京，早经决定，业于今晚首途。我方对国对民，一切光明磊落。余平日为人，亦无事不开诚布公，早为袍泽所深悉。丈夫做事，分应如此，无所愧，亦无所畏也。来电对余个人关怀殷切，深用感慰。"

为欢迎张学良，南京政府做了周密隆重的布置。11 日，蒋介石特派铁甲车"长城"号到山东临城（今薛城）迎接，并在张学良等乘坐的专列前压道。一路上，沿途各站都贴满了欢迎张学良的标语，随处可见："欢迎促进统一、巩固国防、劳苦功高、竭诚拥护中央的张副司令！""国家统一的表率！""和平息争的使者！"，许多站台还有手持小旗的欢迎人群。

12 日凌晨 6 时 50 分，张学良专车抵达长江北岸的浦口车站，顿时军乐大作，仪仗队举枪致敬。到站台欢迎的国民党军政要员有王宠惠、李石曾、何应钦夫妇、朱培德、宋子文、马福祥、张之江、何成濬、刘镇华、刘峙夫妇、马鸿逵、魏道明、谷正伦、王家桢以及南京政府各机关简任以上官员约 800 人。张学良身穿黄呢军装，精神焕发，态度从容，下车和欢迎者握手寒暄后，步出车站，登上"威胜"号军舰过长江。行至中流，停泊在江心的另一艘军舰"通济"号鸣礼炮 19 响，官兵列队甲板上，举枪致敬。

上午 7 时 40 分，舰抵南京下关海军码头。上岸后，张学良乘汽车前往总司令部谒见蒋介石。一路上威风凛凛，前有五辆摩托车开道，后面是浩浩荡荡的车队。马路两旁拥满了群众，彩旗飘扬，锣鼓喧天，人声鼎沸，好不热闹。车驶进总司令部大院，蒋介石亲临车门迎接，并说："汉卿，你好，一路辛苦了！欢迎你！"

张学良早已为这热烈而隆重的欢迎场面所感动，十分激动地连连说道："总司令好，谢谢总司令！"蒋、张二人稍作会谈，即于 8 时 10 分一同驱车赶往国民党中央党部，参加庆祝孙中山诞辰纪念和国民党三届四中全会开幕式。在开幕式上，蒋介石亲自介绍张学良加入了国民党。

10时，张学良又前往国民政府，出席庆祝孙中山诞辰纪念大会。11时，拜谒中山陵。

张学良（前左）与蒋介石（前右）等在中山陵留影

当晚，国民党中央执行委员会全体委员公宴张学良，蒋介石、胡汉民主席、张学良坐第一位。席间，胡汉民首先致欢迎辞，表示同志应努力团结，为国宣劳，泯彼此猜嫌之见，奠永久和平之基。张学良起身致答辞，说："学良关于党国大计未能多做贡献，深觉惭愧。党国谬托重任，尤觉战战兢兢，时虞陨越。此次来京，承各方热烈欢迎，无任感谢，益以亲聆党国先进名言谠论，深为欣慰。学良不善辞令，未敢多言，谨代表东北来京诸人致谢。嗣后更当恪遵中央意旨，努力边防。"说到最后，张学良激动不已，热情迸发，挽起蒋介石的手，高声喊道："不才学良，拉住蒋主席之手，阔步中华大地，不辜轩辕子孙，共创千秋大业。"蒋介石也振臂高呼："向拥护中央的张副司令致敬！"宴会一下子掀起了高潮。

宴会结束后，张学良仍兴奋不已，连夜致电东北军政要员，传达自己的喜悦心情："学良此次来国府，受到蒋主席极为热忱之欢迎，规格之高，实出学良的想象。"①

① 张学继、刘红：《张学良全传》，经济日报出版社2006年1月版，第144~149页。2001年10月15日20时50分，张学良在美国夏威夷逝世，终年101岁。

第五章
张学良施行军队屯垦戍边

民国十七年（1928年）7月，东北军副司令长官张学良决定将炮兵缩编，以补充第1团、第2团及补充第1大队，改编为屯垦军第1、2、3团。"移至索伦、镇国公府（察尔森）及葛根庙一带驻扎，实行屯垦"，令邹作华为督办。屯垦的宗旨是"开发利源，巩固国防"。"屯垦事业，不仅可以消纳编余官兵，使之从事生产，并可开发边陲利源，抵制外人的侵略。"要求屯垦部队官兵"帮助蒙族同胞开垦荒地，兴修道路，建设村镇，采伐林矿，提倡畜牧，种植五谷，同时提高他们的精神生活和物质生活"。

一、兴安屯垦公署第一号布告

民国十八年（1929年）1月30日，东北炮兵军军长兼兴安区屯垦公署督办邹作华发布屯垦公署第一号布告：

> 为布告事，照得世界文明，愈演愈进。现东西洋各国已自军事侵略，转而为经济竞争。某种民族生产力富，则其势自然强大。某种民族无力生产，则其势自然削弱，此必然之

趋向，无可避免。吾蒙族同胞在中古时代已有光荣历史。惜乎晚近，仍习与游牧，大好膏壤，不事耕种，山林宝藏，不事开发，徒使生活简陋，物质缺乏，一视文明民族，不觉瞠乎其后。汉人与蒙族同胞本共存共荣之谊，理应供给资力，帮助蒙族官民开发富源，筹设生产事业。我东三省总司令张（学良）有鉴于此，爰派本军长筹办兴安区（即索伦山一带）屯垦事务，已在奉天（沈阳）设立兴安区屯垦公署筹备处，并派本军补充第一团开驻索伦一带，补充第二团开驻葛根庙一带，第三团开驻苏鄂王府一带以为进行屯垦之准

兴安区屯垦公署督办邹作华

备。业经严令各该团官佐兵夫对于当地蒙族居民一以交亲态度居处。对于应需物品一律公平交易，不得有丝毫骚扰情事，本军长不日即赶赴各防区实地考察一切。总之本军进行屯垦完全为增进蒙族同胞之生产能力及其他安宁幸福而来，仰各蒙族居民切勿自相惊扰为幸。此布。

随后，设立了兴安区第一、二垦殖局、索伦屯垦公署，"为县之初步"，经东北政务委员会批准设立，隶属兴安区屯垦公署。行使县府权力，"综理全区军事、民政，以及兴利、生产、交通、国防、警备事宜"。

二、屯垦军兵力部署

第一团　民国十七年（1928 年）10 月 10 日由北宁路青堆子站乘火车出发，抵白城子。10 月 21 日从白城子徒步行军，于 27 日进驻索伦。骑兵第 1 队官兵 48 人进驻蛤蟆沟，第 2 队官兵 40 人进驻阿尔山温泉，第 3 队进驻二十家子。团长苑崇谷。全团官兵 1500 余人。

第二团　民国十七年（1928 年）10 月 11 日由打虎山乘火车出发，抵白城子，后徒步行军，于 21 日中午 12 时进驻葛根庙。葛根庙喇嘛 300 余人"鹄立"道旁欢迎。官兵们先是"幕营"，后构建"能御寒之地窖"。11 月 19 日移入喇嘛仓。团长张毓龙。12 月 11 日，成立骑兵连，少校团副冯其昌兼任连长。年底前，第 1 营移驻王爷庙街。全团官兵 1500 余人。

第三团　民国十七年（1928 年）10 月 10 日由打虎山乘火车出发，抵白城子，后徒步行军，于 25 日进驻察尔森。

营房正门

团长赵冠武。后由兴安区屯垦公署军务处长关玉衡继任团长。全团官兵 1800 余人。第 1 营进驻阿古营，营长陆鸿钧；第 2 营进驻公主陵、海力吐，营长满浚川。

三、屯垦军建房垦荒

《兴安区编余军官合作开垦章程》规定，编余军官按军衔分别授予数目不等的土地垦荒耕种权，其标准是：

校官　上校100垧，中校80垧，少校60垧。

尉官　上尉50垧，中尉30垧，少尉20垧，准尉10垧。

屯垦军各团建房垦荒自民国十八年（1929年）5月1日始，至年底结束。第1团建营房80间，垦荒耕种1800余垧；第2团建营房30间，垦荒耕种1600余垧；第3团建营房百余间，垦荒耕种1600余垧。

此外，东北军张海鹏旅所属第13团官兵600名驻王爷庙街。开办农场，拥有土地250方(45垧/方)。

科尔沁右翼后旗开办军垦农场4处：

华南公司　位于察尔森东北25公里，垦荒200垧。以种植马铃薯、荞麦、糜子为主。

义兴公司　位于察尔森东南12.5公里，垦荒500垧。为东北军丁旅长所有。

邹作华农场　位于察尔森东南25公里处，垦荒800垧。

黄显声农场　位于察尔森东北37.5公里，垦荒500垧。为东北军第20旅旅长黄显声所有。

张学良施行军队屯垦戍边，在维护国家主权上，起到了难以估量的重要作用。如果没有此举，"中村事件"很有可能不会发生。但大面积垦荒也程度不同地破坏了草场，触及了蒙古族牧民们的根本利益，影响了当地的畜牧业生产，因而遭到牧民们的反对。

第六章
中村震太郎两下兴安区

1931 年 1 月 20 日，大连。日本"满铁"总部大楼。

"满铁"总裁中村是公正在与刚刚从日本东京乘船到此的儿子中村震太郎交谈。中村震太郎于明治二十年（1888 年）七月四日出生在日本本川西海岸新泻县宁驻原郡的一户铁道官宦世家。原名"丽太郎"，入伍后，改为震太郎。系日本士官学校 12 期生，毕业于日本陆军大学测绘系。

毕业后，中村震太郎曾到贝加尔湖地区进行间谍活动，并屡有业绩，得到关东军情报二部部长建川美次的赏识，加之他擅长军事地理，通晓俄文、汉语，便被调入关东军情报二部，负责侦察中国东北满蒙地区的军事、经济等情报。

面对雄心勃勃的儿子，中村是公的心情是复杂的，既希望儿子此行为帝国建功立业，为家族增光，又深知中华民族对日本帝国主义的反感和敌视，担心儿子刚愎自用的性格会因鲁莽行事而遭不测。

"到沈阳后，一定要求日本关东军给予保护。"中村是公对儿子说，"你的护照由哈尔滨、沈阳领事馆给予办理。你大胆去干，不必担心。如果被擒，万万不可激怒满蒙军人，他们很野蛮，关东军可以把你要出来。成功了，可留名军史，是为先遣。"

"谨遵父命，儿子定会不辱使命，立个大功。"中村震太郎信誓旦旦地保证。

伪满洲国"太上皇"关东军司令官官邸

1931年1月22日，沈阳。日本关东军司令部。日本关东军特务机关就设在这里，他们的头目叫土肥原贤二。1883年8月，土肥原贤二出生在日本冈山县。1904年毕业于日本陆军士官学校第31期。1912年毕业于日本陆军大学第40期。他的父兄都是日军将校，他从小就受到"武士道"精神和扩张侵略思想的熏陶。1913年，土肥原贤二晋升步兵大尉后不久，便以参谋本部部员的身份被派往中国北京"坂西公馆"。"坂西公馆"是日本陆军设在北京的特务机关。土肥原贤二为陆军中将坂西利八郎的辅佐官。从此开始了在中国的特务生涯。坂西利八郎是日本在中国开创特务活动的先驱，也是土肥原贤二的老师。1918 年 11 月 28 日，根据日本陆军大臣的训令，土肥原贤二调任黑龙江省督军的军事指导官，继续从事特务活动。

　　1928 年 3 月 20 日，土肥原贤二奉命出任奉系军阀张作霖的军事政治顾问。直接参与策划暗杀张作霖的"皇姑屯事件"。张作霖于同年 6 月 4 日被害后，迫于国际舆论的压力，日本陆军省于 1929 年 3 月解除了土肥原贤二的顾问之职，转任步兵联队长，晋步兵大佐。1931 年初任奉天日本关东军特务机关长。

土肥原贤二

　　土肥原贤二在日本人中算是个大块头，身体肥胖，有着宽阔前额和蘑菇大耳的肥硕脑袋栽在又宽又厚的肩膀上。沉重的蒜头鼻子在两颊和上唇的结合部压出两道深深的弧沟，双眉向额角挑起，深陷在鼻子和眉毛里的眼睛，像藏于袖口的暗箭，时而吐露出阴气逼人的冷焰。但土肥原是一个老练的假面演员，他不仅善于把自己的阴谋隐藏好，还能把自己的表情相貌遮蔽起来。

　　此刻，土肥原贤二端坐在他宽大的办公室里似乎在等什么人。

"报告大佐，震太郎求见。"副官报告说。

"请。"

随后，身着陆军大尉军衔的中村震太郎跨进办公室"咔"的一声立正，向他行了个标准的军礼："中村震太郎前来报到。"

"快请坐。"土肥原贤二起身与其握手并安坐在沙发上，"见到令父了吗，中村是公可好？"

"见到了，家父很好。谢谢大佐的关心。"

"参谋本部派你来……"土肥原贤二转而严肃地说，"你是测绘系毕业的，有两项重要任务要你去完成：一、踏查兴安区的兵要地志，提供《入侵满蒙方案》；二、拓殖兴安，联络策反东蒙古各旗王公。"

"是。"中村震太郎郑重地回答。

"放心大胆去干，关东军和我是你强大而又坚强的后盾。"土肥原贤二拍着中村震太郎的肩鼓励说。

为完成这两项任务，中村震太郎先后两下兴安。

一下兴安区

2月7日，中村震太郎经齐齐哈尔沿绰尔河到扎赉特旗王府。参与旗札萨克（旗长）巴布扎布秘密召开的"东蒙王公会议"，鼓吹"东蒙独立"，进行策反。随后，经泰来到科尔沁右翼前旗葛根庙，葛根庙时为洮（白城）索（索伦）铁路终点站，被兴安区屯垦军"情报跟踪所"监视。哈尔滨特警处电悉："中村私入兴安屯垦军禁区。"慑于屯垦军防范之严密，中村震太郎不得不中途止步匆匆返回沈阳。

二下兴安区

6月中旬。5月18日，日本驻哈尔滨领事馆要求中国外交部门给"日本农学家"中村震太郎发放游历考察护照。后又从辽宁省府交涉署（外事处）领取了"农业考察团"的通行证。但既无兴安区屯垦公署（驻白城）的签证，又未经兴安区屯垦军司令部（驻科尔沁右翼前旗王爷庙街）批准，在手续极不完备的情况下，于6月2日，在日本关东军特务机关片仓衷大尉的接应下，中村震太郎从沈阳乘火车来到关东军驻齐齐哈尔秘密特务机关——朝日旅馆。在旅馆里花天酒地玩了七天。随后，开始着手军事间谍活动的准备工作。中村震太郎找到了昂荣旅馆的老板——日军退役骑兵预备曹长井杉延太郎，又雇用一名司图和一名蒙古族翻译。

日本参谋本部情报员中村震太郎和井杉延太郎

6月5日，中村震太郎一行4人乘火车从齐齐哈尔出发，在博克图附近的宜立克都车站下车后，骑马沿兴安岭向黑龙江索伦山设治局前进。6月20日到达索伦（科尔沁右翼前旗索伦镇）。22日到达科尔沁右翼前旗察尔森镇。沿途测绘了屯垦军一、三团兵备防地，还游说科尔沁右翼后旗王公参加所谓"东蒙独立运动"。

6月25日清晨,一路顺畅春风得意的中村震太郎一行4人骑着马刚刚走到内蒙古科尔沁右翼后旗四方台子,便开始了他们的梦魇。

第七章
关玉衡处决日军间谍中村震太郎

一、捕获日军间谍

1931 年 6 月 25 日清晨，内蒙古科尔沁右翼后旗四方台子（清末民初称佘公府，今科尔沁右翼前旗察尔森镇宝河屯）。

东北军兴安屯垦军第三团一营营长陆鸿勋指挥三连官兵在操场上进行队列训练，远远发现一行 4 人骑着马，驮载着很多行装从北向南漫步走来。为首的一个身着俄式皮夹克，头戴三耳火车头式革制皮帽，上套一副风镜的家伙，正得意洋洋哼哼唧唧地唱着《支那之夜》："樱花盛开的季节，在那遥远的东方，芳龄的姑娘向我挥手……"他之所以这样兴奋，是因为他于 4 月 7 日经齐齐哈尔沿绰尔河到扎赉特旗王府参与了扎赉特旗札萨克巴布扎布秘密主持召开的"东蒙王公会议"，鼓吹"东蒙独立"，进行策反并与巴布扎布签署了归顺大日本秘密协议。这是他在功成归国之后向日军参谋部邀功领赏的敲门砖，眼前，仿佛将星正闪闪发光地照耀着他前行的路。但是，他万万想不到自己正在踏上一条梦魇般的不归路，跌入一个万劫不复的深渊。

"站住!"突然,一声喝令惊醒了他的美梦,眼前十几支黑洞洞的枪口正对着他和他的同伙。

"兄弟,我们是日本东京黎明学会的,到东北进行土壤学调查。"头戴三耳火车头式革制皮帽的家伙满脸堆笑拱着手说。他随手从马背的皮兜里掏出一包海洛因扔给面前虎视眈眈的官兵,海洛因落地,官兵们没人去理会。时至夏日,兴安屯垦区日趋炎热,但为首的这个满脸横肉的家伙还穿着棉袄、棉裤,骑着高头大马而非本地蒙古马,其余3人也穿着甚多。营长陆鸿勋顿时疑窦丛生,从这伙人满不在乎的神情中,发现隐隐地透出一股杀气。

"对不起各位,请下马,跟我们走一趟。"陆鸿勋命令道。

"混蛋!"为首的满脸横肉的家伙突然脸一变,破口大骂道,"我们是大日本国民,快放我们过去,别不识抬举!"说罢,伸手向怀里摸去。说时迟,那时快,连长宁文龙一个箭步扑上去按住了他的手,从怀里掏出一支日制南部式手枪。

"上!"陆鸿勋大喊一声。官兵们一哄而上,将4个人扑倒在地捆绑起来。

屯垦军第三团团部。

上午10时,连长宁文龙带领士兵将中村震太郎等4人押解到团部。副团长董平舆正在团部值班。董平舆的父亲董耕云,是老同盟会会员。1917年,董耕云到广东参加孙中山先生召开的非常国会。会后,被孙中山先生派回东北,作为孙中山与张作霖的联络代表。

1923 年董平舆在北京大学毕业后，任奉天交涉署秘书。1925 年，经东北军炮兵司令邹作华推荐，张学良将军保送董平舆到日本陆军大学学习，在校期间，学会了日文、日语。于 1929 年 10 月毕业后回国，就任东北军屯垦第三团副团长、少校军衔。1936 年夏，改名董昆吾，以躲避日本人的追踪。

接到副官赵衡的报告，董平舆与赵衡立即赶往拘留室。一开门，在与中村震太郎见面的一刹那，董平舆心中惊呼："中村，怎么是你？！"原来，董平舆与中村震太郎是日本陆军大学的同学。

董平舆坐定后，用日语讯问中村震太郎："你怎么跑到兴安区来了，不知道这是军事禁区吗？"

中村震太郎在最初的惊愕后，平定了一下心绪，掏出一张"日本东京农业学会会员"的名片，佯称是受东京农业学会派来中国东北调查土质和农业状况的研究人员。

董平舆根本不相信中村震太郎的鬼话。一个堂堂的日本陆军大学毕业的日军官佐怎么可能当什么农业学会的调查员，肯定另有军事目的。于是，他下令士兵仔细搜查。从中村震太郎的行装和棉裤兜里查出：（一）日文十万分之一军用地图一张；（二）中文同比例之军用地图（前奉天测量局出版）一张（中、日两种军用地图都经用铅笔勾改，显然是经现在印证后校对过的）；（三）晒蓝纸俄文地图一张；（四）透明纸作业一张；（五）洮索铁路路线图一张，附立体桥梁涵洞断面图一张（一部分，系自测自绘）；（六）草图一张（系自测自绘）；（七）笔记本两本：一本记载其个人私事，其头篇记载昭和六年一月，日本帝国参谋省派遣他做情报科情报员——陆军大尉中村震太郎赴满洲兴安区一带活动和在东京驿送行的情况；一本记载他所经过地点，如洮南府、哈尔滨、齐齐哈尔、海拉尔、免渡河和扎免采木公司；（八）报告书两封，主要报告他所遇到的人事，如洮南府满铁办事处负责人（系张海鹏的代言人）和在巴布扎布王府的会谈记录等；（九）表册三份：一册是调查兴安区屯垦军的兵力，枪炮种类、口径，官兵数量，将校姓名，驻屯地点，营房景况、容量、坚固程度，车辆马匹粮食辎重；一册是调查蒙旗、县的人口、物产及畜群之多寡，森林矿藏之有无，蒙、汉军民之情况；另一册是调查地方风土情况，如土壤、水源、气候、雨量、风向等项；（十）所携带之物品：甲、洋马三匹，蒙古马一匹（鞍装俱全）；乙、三八式马枪、南部式手枪各一支；丙、望远镜一架；丁、测板标杆标锁一套、

关玉衡

图板一块，方、圆框罗盘针各一件；戊、寒暑温度计一具；己、天幕（帐篷）一架，防雨具一套；庚、皮衣、罐头食品等数件。面对这些铁证，董平舆断定：中村震太郎是货真价实的日军间谍。

6月26日凌晨，团长关玉衡校阅骑兵六连时接到中尉副官赵衡的紧急报告，立即骑马赶回团部。关玉衡身材魁梧，气宇轩昂，腰背挺直，身穿军装马靴，举手投足间

尽显标准的军人风度。他听取副团长董平舆的汇报后，立即对中村震太郎进行第一次审讯。中村震太郎系上中等身材，面方而多髭须，长着一对豆粒般的小眼睛，受帝国主义教育的熏陶，武士道精神极强，嗜酒成性，生性剽悍，身着深灰色棉裤、棉袄，外罩俄式皮制夹克，头戴三耳火车头式革制皮帽，上套风镜一副，脚穿军用短筒皮靴。在审讯中，中村震太郎态度蛮横暴躁，初以不会讲中国话为由否认其间谍罪行。改用日语审讯后，他出示了"日本帝国东京农业学会会员中村震太郎"名片。关玉衡细致观察中村的举止表情，断定他不是什么"农学家"。

"你来我们东北执行什么任务？目的是什么？"关玉衡严肃地问道。

"考察农业，研究农业发展问题。"中村震太郎回答。

"胡说！考察农业，为什么到我们的军事驻地搞情报？"

"……"中村震太郎无言以对。

接着，又提审了井杉延太郎。他供称："我们都是军人，中村是陆军大尉，我是退役曹长（即中士）。"

"雇用俄国人和蒙古人干什么？"

"米罗阔夫是白俄人，是原洮南二龙索口煤矿（万宝煤矿前身）的采矿师，被洮南'满铁'雇用做中村的司图，会日语、蒙语、汉语，兼做翻译。蒙古人是扎赉特旗札萨克巴布扎布的女婿，向导，是中村联络策反东蒙古王公的重要助手和翻译。"井杉延太郎说。

真相大白，如何处理？关玉衡想：中国是弱国，日本在中国东北享有治外法权，案情一经披露，日本有关当局定会设法要回中村等人。那样，有关中国东北的政治、军事、经济等所有机密都将被泄露，后果不堪设想。事关重大，关玉衡决定傍晚在团部召开连级以上军官会议，讨论对日军间谍的处理问题。

在军官会议上，少校副团长董平舆说："我们若将中村等解送沈阳，日寇必将他们全部索回，并还要我方赔礼道歉，其结果徒惹得许多麻烦，毫无益处。中日两国既是世仇，而且按照国际法，外国的军事间谍是可以处死的，故无论如何不能将他们释放，也不可把他们解送沈阳，唯一的办法就是把他们在这里秘密处死。"大家你一言我一语，一致认为，兴安屯垦区成立后，东北长官公署已照会驻沈阳各领事馆"兴安区乃荒僻不毛之地，山深林密，唯恐保护不周，谢绝参观游历。凡外国人要求入区者一律不发护照"，中国当局有言在先，禁令再三，理在我方，在剿匪职权上应行使紧急处置权。再则，日军不但在东北犯下累累罪行，而且横行整个中国，中村震太郎等人践踏中国主权，蓄意破坏，欺我太甚。现在罪证确凿，应公开处理，以明其罪行。会议决定，将中村震太郎等4名日军间谍处死。

6月26日晚，华灯初上。兴安屯垦军第三团团部。关玉衡对中村震太郎进行第二次审讯。面对间谍罪证，中村震太郎自知无法抵赖，于是他暴露出一副强盗的嘴脸，大喊大叫地威胁说："你们赶快放了我，如果不放，就要上告中国政府，日本关东军饶不了你们。"接着，兽性大发，蛮横得竟与士兵格斗起来。关玉衡大声喝令："捆倒了打！"官兵们一拥而上，拳脚相加，中村震太郎则施展日本士官学校和陆军大学练就的武士道本领顽强抵抗，疯狂厮打。关玉衡猛然立起，

"唰"地抽出战刀要手刃日寇。中村震太郎见状，顿时收敛其嚣张气焰。一旁的机枪连长贾湘林抽出战刀，一把抓住中村震太郎的衣领，把战刀按在他的脖子上用日语逼问："你是不是间谍？"中村震太郎吓得魂飞魄散，哆哆嗦嗦地说："我是，我是日本间谍。"转而又强硬起来，"你们敢把我们日本人怎么样？"审讯后令其在笔录上画押时，他又借机与屯垦军官兵厮打起来，这更激起官兵的愤怒，用枪托猛击其头部，将其打晕倒卧在地。

副团长董平舆和一营长陆鸿勋建议由公开处置改为秘密处决。为了防止枪声引来不测，关玉衡采纳并制定了"刀杀"的行动方案。关玉衡当着20多名连以上军官的面宣布保守军事机密的"约法八章"：（一）此为军机，上不传父母，下不告妻儿，凡有泄露者，祸灭九族；（二）如有上级机关或长官询问，只回答"不知道"，如泄露，按第一章处理；（三）不许私藏中村震太郎等人的任何物品，收缴的东西，必须上缴团部，违者枪决；（四）不许官兵聚集交头接耳议论此事，如有发现，即予处决；（五）凡在书信中谈及此事者，枪决；（六）通信须经团副官检查后方准寄出，不经检查私邮者，按第一章论处；（七）外来亲友必须向团部报告，经审查后方可留宿；否则，来者按坏人处置；（八）擅自离岗离职者严惩不贷，确认有投敌行为者，按第一章处理。

当晚，夜幕刚刚降临，开始全面戒严。各营房分别由排长站岗，士兵一律不准外出，连大小便也只能在屋内。

晚8时，二营骑兵中队长金东复和另外两位中队长负责现场及外围警戒。营长陆鸿勋等四五个军官负责捆绑押送扣押中的间谍，执行的刀斧手是连长宁文龙，其余官佐负责现场处理。

二、处决日军间谍

刑场设在团部会议厅。大厅约100余平方米，地面用石灰和炉渣混合铺成。

第一个押入大厅的是中村震太郎。大厅内非常沉寂，笼罩着十分威严的气氛，官佐们个个凛然正气，怒目而视。关玉衡团长命令解除中村震太郎眼睛上的蒙带和嘴里的塞物，中村震太郎便迫不及待地狂呼："放了我，我要上告中国政府，关东军饶不了你们！"

关玉衡性情刚毅暴烈，张作霖被害、"万宝山事件"，更加深了他对日本帝国主义的仇恨。此刻，见中村震太郎如此骄横，他怒不可遏猛然大喝道："混蛋，今天我就要你的脑袋，叫你去上告！宁连长，行刑！"

中村立而不跪，狂呼乱叫，几个军官用强力让他跪下。宁连长从旁边走出，手操军刀，走到中村身后。只见刀光一闪，中村就倒在地上。由于宁连长紧张，中村没被立即砍死，还在地上挣扎。此刻，关团长一个箭步上前，从宁连长手中夺过军刀，只听"咔嚓"一声，将中村的头颅砍下。这时，负责清理现场的官兵上来，先将尸体抬到大厅旁的一间空房里，然后用破布拖擦地面上的血迹。继而，关团长又命令："带下一个！"就这样，那个日本曹长也被杀掉。为了防止失密，另两个人也被同样处死。

之后，大家一起动手把大厅收拾干净。整理完毕，关玉衡又给大家开会，并命令团部副官赵衡、刘天鹏俩人在厅外执勤放哨。会上，除重申保密问题外，又商议了对日本军事间谍中村等尸体的处置办法。为尽量缩小目标，最后决定将其尸体分解后掩埋于荒山。

夜半时分，10余名连级军官，每人背了一条装有敌人尸块的麻袋，手持一把军用小铁锹，一盏马灯，在关团长的亲自率领下，向驻地东南方向的山岭进发。夜漆黑，没有月光，摸黑走入灌木丛后，大家便分散开，点上马灯，各自找寻不易被人发现的地方，将碎尸块深埋起来。

与此同时，兵分两路，谷副团长带人，到距营区七八里远的山洼里，将中村等人的4匹马砍死，连同其随身的衣物焚烧后掩埋起来。

翌日，关玉衡又把大家召集在一起开会。原来，副团长董平舆提出：对中村震太郎等人尸体的处置不可靠。一旦走漏风声，日本人来追查，他们的狼狗嗅觉很灵敏，能把尸体给找出来，不如将其投入河里稳妥。

这个建议立即获得大家的赞同，关玉衡命令：按原来分工，必须把各自掩埋的尸体块全部找出，缺一块也不行。

是日夜，天黑得伸手不见五指，山风很凉，人们手提着马灯一颤一抖地在灌木丛中分头把掩埋的尸块挖出来，回到指定的集合地点，然后跟随关玉衡沿着洮儿河向南走，选择了一个河流湍急的浑水段，将碎尸集中到几条麻袋内，用铁丝扎上口，再坠上大石头，沉入河底。①

---

① 金东复：《中村事件亲历记》，载《沈阳文史资料》1984年8月第七辑；东北师范大学历史文化院曲晓范教授、吉林省政协文史委主任姜东平共同提供。

待返回团部时，天已破晓。众人看着东方冉冉升起的一轮红日，个个伸张着腰身，一夜的紧张和疲惫，统统被抛到九霄云外。

过后，关玉衡携带缴获的重要间谍罪证，驰赴兴安区屯垦公署所在地洮安（吉林省白城市），向代理督办高仁绂报告处决中村等4名间谍的结果。并拟就快邮代电连同重要间谍罪证委托当日起程赴北平的东北军长官公署的团长苑崇谷呈送张学良。

8月初，张学良电令关玉衡："妥善灭迹，做好保密。"关玉衡立即召开连以上军官会议，严令："任何人不许泄露处决中村等4名间谍犯的秘密，违者以军法论处。"

第八章
关玉衡被张学良委任为帅府参议

一、土肥原贤二、川岛芳子毒设陷阱探内幕

7月10日，日本关东军"北满参谋旅行"中的坂垣征四郎、石原莞尔一行到黑龙江昂昂溪昂荣旅馆歇息。女老板对坂垣征四郎等人说："我丈夫井杉君跟随震太郎君前往兴安屯垦区一个月了，没有一点消息，我很担心哪，拜托关东军帮忙寻找一下。"

7月17日，齐齐哈尔朝日旅馆植松菊子向哈尔滨"满铁"公所雇员佐藤的妻子透露，6月26日夜，两名日本人、一名白俄人、一名蒙古人已被屯垦军三团关团长杀害。佐藤立即把这个情报递送关东军特务机关。7月18日，日军关东军片仓衷大尉按预定计划到王爷庙接应，未见中村震太郎等人。面对沿途军警的严格盘查，感到情况不妙。随后返回哈尔滨向关东军特务机关头子百武中佐报告。百武中佐命片仓衷"不惜一切代价，不择手段秘密查明情况"。

片仓衷大尉从哈尔滨赶到齐齐哈尔朝日旅馆，老板铃木向他报告：日前，东北驻吉（林）、黑（龙江）修筑铁路大员王翼先到此嫖

妓时泄露,中村君等4人已被兴安区屯垦军秘密处死。中村的一块"三道梁"牌手表在屯垦军第三团三连司务长李德保手中。

片仓衷大尉立即派人报告了百武中佐和奉天关东军特务机关长土肥原贤二。于是土肥原贤二密令当时在天津的日本间谍川岛芳子连夜赶到沈阳进行调查。

川岛芳子,原名爱新觉罗·显玗,字东珍,又名金壁辉。生于晚清末期,父亲则是满清显赫一时的肃亲王善耆。肃亲王是清王朝八大世袭家族中的"泰山北斗",曾祖是武肃亲王豪格,乃皇太极的长子,是开创清王朝的元勋。[①]

此时,正值中国内忧外患,革命风潮骤起,清朝统治摇摇欲坠的多事之秋。身为股肱大臣的肃亲王,眼看着老祖宗的江山社稷不保,心中五内俱焚。他在联络日本浪人川岛浪速,游说日本军部出兵干涉南方革命党"叛乱"的同时,又策动蒙古王公与惯匪巴布扎布组织的蒙古义勇军,企图制造"满蒙独立"。然而,排山倒海的辛亥革命使肃亲王的美梦像肥皂泡一样快速破灭了。

为了实现"匡复清室"的夙愿,肃亲王将自己的几个儿子分别送到满洲、蒙古和日本,让他们伺机而动,为满洲独立"殚其力、尽其心",也正是基于此,他不惜将自己最心爱的女儿显玗也送给川岛浪速做养女,以图日后"有所作为"。于是,作为东方公主的显玗便于1912年跟随养父川岛浪速来到了陌生却造就了她的一切的国

---

① 友子:《谍海之花:川岛芳子》,湖南师范大学出版社2011年9月版。1947年10月22日,河北省高等法院经过多次审讯,判处川岛芳子死刑。1948年3月25日,在北平第一监狱被处决。

度——日本，开始了她"光宗耀祖，显赫门庭，复兴大清，重光基业"的人生历程……

　　川岛芳子虽说不是个绝代佳人，却也长得眉如新月、口似樱桃，着实叫男人看了就心醉。再加上川岛芳子知识渊博，善于辞令，比一般人更了解社会，故她的话题丰富，尤其能投男人之所好。

　　在日本商船重信九号上，川岛芳子与情场老手大村洋相识，在日本与大村洋度过的两个月的"幸福时光"里，大村洋不仅教会了川岛芳子各种床第之欢的功夫，强化了川岛芳子"把美色当炸弹"的意识，同时还不断地给她灌输"满蒙中的日本"这一观念。军国主义教育使川岛芳子走上了不归路。

　　1927 年，川岛芳子从日本回到了中国，这时她已经长成了一个大姑娘。此次回国的目的就是为了遵循她亡父善耆的遗愿，与蒙古独立势力首领巴布扎布的儿子甘珠尔扎布结婚。肃亲王在世时，这两家就因为共同的满蒙独立事业而紧密地结合在一起，互相许下联姻的约定。因为这次联姻又得到了日本人的大力支持，所以最后在旅顺举行的婚礼热闹非凡、中外瞩目。但是在婚后不久，川岛芳子即不满甘珠尔扎布固守安逸、不思进取的性格，对婚姻生活充满了厌倦，二人的关系日趋紧张。尽管甘珠尔扎布一再退让，川岛芳子仍是怒气难消，不到两年时间，她就选择了离家出走，结束了这段毫无趣味的政治婚姻。

　　从婚姻的枷锁里挣脱后，川岛芳子展现了自己和甘珠尔扎布迥异的志向，她好似一匹脱缰野马，在中国各处奔走，丝毫不知疲倦。她的脑海里只有一个念头——复辟。1928 年，川岛芳子初次执行重大任务，表现出色大获成功，这个"重大任务"就是"皇姑屯事件"。因为川岛芳子的情报准确，关东军才轻易地将眼中钉张作霖除掉了，而川岛芳子的名气也在此后节节高升。

1928年，川岛芳子回到东京，筹集到一些钱款做了短暂的逗留后，她又立马来到上海，正式开始她谍海沉浮的生涯。

在度过适应性的两年时光后，1930年川岛芳子结识了田中隆吉，他当时是日本驻上海特务机关总长。在被川岛芳子的风姿打动后，田中隆吉将川岛芳子带进了谍报圈。而川岛芳子此时想的只是一心一意实现父亲复辟清朝、满蒙独立的夙愿，她也正需要一个这样的平台去施展自己。

由于川岛芳子天资聪颖，所受教育也卓有成效，所以在谍报机关工作不久，她就掌握了各项间谍技能，成为一名非常优秀的谍报人员。

1931年，这位大清国的格格见到了自己的皇上。被胁持到东北的末代皇帝溥仪的一句"算辈分，你当是我的堂姊妹了"，使川岛芳子骄傲地感到自己是王室中人，大清朝，就倚仗他们几个了，"请皇上放心，建国大业就交托我们吧。"川岛芳子意气风发，她所憧憬的大清朝复辟仿佛就在眼前……

这年，获得田中隆吉赏识的川岛芳子被推荐给了关东军参谋坂垣征四郎。当时日本正在紧锣密鼓地筹建满洲国。寄寓在天津静园的末代皇帝溥仪被劫持到了旅顺大和旅馆，为了让溥仪安心做傀儡皇帝，关东军策划将婉容皇后也从天津接来。这项使命在经过奉天特务机关长土肥原贤二少将、关东军高级参谋坂垣征四郎大佐和上海特务机关长田中隆吉的周密策划后，交由川岛芳子执行。川岛芳子秘密地潜入了天津，先是依靠自己的如簧巧舌骗得了皇后的信任，然后又使用调包计将皇后带出了天津，最后从白河搭乘日本海轮安全抵达了大连。

取得了这次重大成功后不久，土肥原贤二成为了川岛芳子的新上司。土肥原贤二接到哈尔滨日本关东军特务机关百武中佐发现中村被杀新线索的报告，精神为之一振。此刻，川岛芳子来到自己的麾下，他灵机一动，即刻召见川岛芳子密谋一番，命令川岛芳子速到齐齐哈尔朝日旅馆与铃木老板接头。

8月5日，川岛芳子奉令来到齐齐哈尔朝日旅馆向老板铃木如此这般地交代了一番。铃木受宠若惊，点头称是，随后按川岛芳子的指令行动起来。

8月9日，王翼先和李德保应铃木的"邀请"来到朝日旅馆。迎接他俩的是两个身穿和服、花枝招展的妙龄女子。一个叫植松菊子，另一个称是朝鲜人，姓金。两位妓女百般媚态地款待"客人"。铃木深知李德保吃喝嫖赌恶习很深，但手头拮据，便趁机说："金姑娘从南满带来不少'白货'（海洛因），因急于回国想低价出售。"一心想发大财的李德保讲价后要全部买下，可随身带的钱不够。金姑娘便说："钱不够，有什么抵押的也可以。"李德保便从上衣兜里掏出一张契票。

原来，6月26日晚，中村震太郎在团部审讯室中与屯垦军官兵厮打中，手表被打落到门后，恰逢李德保进屋送夜餐。他乘混乱之机将手表偷偷捡起来，随手装入兜中溜走。不久，为偿还赌债，他把手表抵押到王爷庙"大兴"当铺。

金姑娘接过契票仔细看后，突然脸色一变，厉声说道："你知道我是谁吗？我是川岛芳子！"（时为日本谋略特务）李德保闻名色变，夺门欲逃，铃木和植松菊子早已拔出手枪和匕首封住门口。李德保见无路可逃，"扑通"一下跪在地上，磕头求饶。在黑洞洞的枪口下，他供出了中村震太郎等4人被秘密处死的详情。

川岛芳子听罢露出笑脸，拿出两包银元和一杯溶入慢性毒药的

川岛芳子受审

果酒赏给李德保。李德保转悲为喜，把银元揣进怀里，将酒一饮而尽。是日夜，他便被毒死在旅馆的床上。

8月10日，关东军特务机关片仓衷来到王爷庙（乌兰浩特市）"大兴"当铺凭李德保交出的契票取出"三道梁"手表。"三道梁"手表是日本厂家专为日本军官生产的高级手表。表的全部机件都固定在三条金属构件上，故称"三道梁"手表。

二、日本政府制造反华舆论煽动战争狂热

1931年8月17日，日本陆军总部发表所谓《关于中村大尉一行遇难声明》。声明中隐瞒了中村震太郎等4人的间谍罪行，捏造事实说："帝国陆军大尉中村震太郎在满洲被张学良部队剐鼻割耳，切断四肢，悲惨遇害，这是帝国陆军和日本的奇耻大辱。"同日，日本驻沈阳领事林久治郎及参谋本部的森纠会见辽宁省省长臧式毅，提出种种无理要求。日本副领事岗村也向辽宁特派员王镜寰提出"严重抗议"。与此同时，日本在东北经办的《盛京时报》《朝鲜日报》《泰东日报》

连篇累牍地发表消息："闻中村震太郎入蒙地携带鸦片和海洛因，为兴安区土匪杀害。"公然宣称："第三团官兵为抢劫鸦片、海洛因而害人越货，必须把关玉衡枪决抵偿，并着该区赔偿一切损失。"企图混淆视听，推卸其间谍罪责。

日本政府以"中村事件"为借口，煽动侵华战争。日本政府募集奠金5万日元，在东京举行陆军葬仪典礼以诱起日本人为中村震太郎复仇的情绪。又将"中村事件"编成剧本制成一部含有对蒙满侵略的影片，鼓吹积极对华政策，以引起日本国民对侵占满蒙的欲望。8月7日，日军第9师团喊出"醒来吧，为国防！"的口号，并派军用飞机在驻防的各城市散发10万张传单。8月24日，日本陆军省做出决定："当中国方面否认杀害中村的事实，或者不能满足我方要求时，有必要断然实行对洮南、索伦地区的保护性占领。"东京等地日本军官为中村举行大规模的葬礼，一些人打着血写的"吊忠魂"的大白旗游行示威。同时调曾任张作霖军事顾问和日本驻华使馆武官的"东北通"本庄繁出任日本关东军司令官。本庄繁就任后，即下令制定了作战计划，多次组织军事演习。

9月1日，日本帝国在乡军人大会（战前日本服预备役的和退任的军人大会）会长铃木庄六大将对会员提出："面对重大时局要普及向上国防思想，要正确面对国内舆论。"各分会展开唤起舆论活动。日军第16师团开始在京都大丸开办满蒙展览会。东京的麻布、本乡两连区将校团在青山日本青年馆对有关满蒙问题进行了联合演讲会，在入口处散发"满蒙是日本的生命线"的传单。此外，在日本各地由现役将校纷纷开办演讲会，呼吁"对满蒙强硬"。新上任的日军参谋本部第一部长建川少将在高田市的演讲中公然辱骂日本国内的"政党政治",令在场的日本民众大为震惊。

9月8日,日本政府内阁会议专门讨论"中村事件",认为若中国"不迅速以诚意从事调查,则日本军事当局与外交当局应会同决定报复行动"。南次郎陆相力主武力解决,说"已抱最后决心","已有最后准备"。

9月10日,林久治郎在沈阳向臧式毅面交日本政府的照会,要求东北当局对中村事件:道歉;严惩责任者;赔偿一切损失;保证以后不再发生类似事件。日本政府的照会转呈张学良后,张学良在北平向日本使馆参事矢野表示:将极力设法解决中村案。

三、王致中与关玉衡商议对策:决定对质

9月10日,兴安屯垦区第三团团部,关玉衡家。

前来者,是前东北炮兵重炮旅旅长王致中,受荣臻参谋长的委派,与关玉衡商议应对"中村事件"的对策。

王致中开门见山对关玉衡和夫人刘敬哲说:"荣参谋长提出三个方案,由你选择:(一)不可把事态扩大(指哗变);(二)送你去满洲里,转道去苏联;(三)有把握,可以进行折中外交。"

刘敬哲是沈阳小河沿医学院的毕业生。毕业后投笔从戎,被任命为医官。她崇拜军人,嫁给关玉衡后,随军来到三团驻地佘公府。她身材苗条,鹅蛋脸,丹凤眼,秀外慧中,举止娴雅,神色端庄。听罢,她思考了一下说:"经满洲里去苏联,是上策;到沈阳折中外交,日本人是不讲理的,属中策;部队搞哗变,全团皆带家属,谈何容易!是下策。"说得那么自信,那么果断。

关玉衡接着说：“我取中策。我所办的案子件件有据，宗宗有理。对日本人，我以铁的证据说话。如果他们蛮不讲理，我全团官兵宁为玉碎不为瓦全！只要将中村的间谍原始证据全部从北平调来，我就去沈阳与日本人对质。”之后，许多老战友纷纷力劝关玉衡出国避避风头，但他坚持说：“日本间谍到我防区侦察搞破坏，我处死他没罪，好汉做事好汉当，我做了死的准备。”

在即将到来的厄运面前，关玉衡没有选择逃离，而是坚定地、勇敢地表达了爱国之心，无视个人安危。历史可以无限残酷，但也因其残酷，才映衬出人性夺目的光辉。

关玉衡那低沉浑厚的声音和镇定坚决的神态引起了王致中的强烈共鸣，便激动地脱口而出：“好，对质，就这么办！”

四、关玉衡被东北军宪兵“拿办”

不久，在北平的张学良就得知日本人到蒋介石那儿告了御状，然后，蒋介石要求张学良抓关玉衡为中村等人抵命。

张学良爱国，也爱才。他命令宪兵司令陈兴亚去兴安屯垦军把关玉衡接回来。张学良一再叮嘱：一定多带些人，路上要小心，现在是老蒋想杀他，以平时局，日本人也想杀他，想杀人灭口。我们不能伤了关玉衡的那颗爱国之心，我们不能伤了中国人的心。我们一定不能让这个血性汉子落到日本人的手里。

9月13日，陈兴亚率宪兵一团官兵20余人，大张旗鼓地从沈阳开赴兴安区调查中村案，并“拿办”关玉衡。

在察尔森关玉衡的家门口，一群屯垦三团的官兵，他们个个怒气冲冲、七嘴八舌，一个下级军官说：“关团长犯什么法，要押往奉天，日本人在我们这个地界搞特务活动，怎么他还有理了？"

有的士兵开始骂人了："他妈的，他小日本也太欺负人啦，明明在我们这一亩三分地胡作非为，还不让我们管，管了还要抓人，这都是什么混账当官的！"

这个时候，关玉衡和前来"逮捕"他的宪兵司令陈兴亚默默地抽着烟。关玉衡夫人刘敬哲、副官赵衡、连长宁文龙和卫士巴图在收拾东西。

刘敬哲边打扎着包袱边抹泪，让一旁的宁文龙看到了。一个包袱扔在炕上说："这他妈的什么世道？什么南京政府？杀个把日本特务，还得去南京受审，真他妈的窝囊。"

副官赵衡直起腰看看几个蜷缩在大炕上的孩子，又看看抹着眼泪的敬哲嫂子说："行了，你少说两句，还不够闹心啊！"

宁文龙赌气走到屋外从上衣兜里掏出一支烟说："行！我不说，不说，我到奉天找少帅说去。到南京找蒋总司令说去。"

关玉衡和陈兴亚听了宁文龙的话不禁哈哈大笑起来。陈兴亚笑着说："你啊，说你什么好。你以为少帅那么好见，蒋总司令那么好见。"

关玉衡接过话头说："你哪儿也不许去，老老实实在这儿给我待着。"

宁文龙不服气地说："不行，我得去，中村是我亲手砍的，要说担什么责任，我去。"

关玉衡说："你懂什么？叫你在这里待着，你就待着，添什么乱子。"

宁文龙把头一扭说："我不服。"

刘敬哲从屋里出来，走到陈司令面前说："陈司令你说咱们玉衡连少帅都见不着，这冤屈上哪儿伸去？"

陈兴亚说："弟妹，现在满世界都知道是东北军把中村杀害了，所以玉衡的事现在不是他一个人的事了，是东北军的事，也是少帅的事了，少帅能不管吗？你想想要是真的只是押送玉衡，还用得着我这个宪兵司令带那么多人马千里迢迢过来？弟妹你就放宽心，上面有上面的安排，有话我不便多说。"

刘敬哲长叹一声："依我看，这次去奉天凶多吉少啊！"

关玉衡用手点点夫人对陈兴亚说："你看，你看看，女人就是女人。"

收拾完东西，关玉衡回头看看这间土坯屋，心里一阵感慨，关玉衡夫妻有一种预感，从此要告别这间住了几年的老屋，从此要告别察尔森了。

关玉衡、陈兴亚、赵副官、宁义龙和警卫巴图，刘敬哲牵着几个孩子相继从院子里出来。门口等待着的官兵们围上来。一位军官上前敬礼，把一叠纸递给关玉衡说："团长，我们三团的弟兄们联名给少帅写了一份申辩书，请你带给少帅。"

关玉衡接过申辩书仔细看了几行抬头激动地说："谢谢弟兄们，我关某人到了这个时候，弟兄们还想着我，还替我抱不平，我感激不尽哪！"官兵们问团长："啥时候回来，你不能撇下我们不管哇。"

陈兴亚上前挥了一下手说："弟兄们，关团长此次回奉天是述职，例行公事，没有什么关押和禁闭之说，你们大可不必担心。"

官兵说："我们不信，小日本鬼子都闹成这个样子啦，团长去了一定受冤屈。"

关玉衡摆了摆手说："弟兄们，我关某人此去奉天定无大碍，我想我们做的事都是为了国家，天下人眼睛是雪亮的。今天我还是那样说，我们处死中村没有错，我们军人驻守国家的一方疆土，使这方土地平安，使这方土地上的老百姓安居乐业，那是我们做军人的职责。不管是哪个国家的人到我们的眼皮底下来偷鸡摸狗、为非作歹，我们都要管，因为我们就是干这个的。我只有一个愿望，我走以后，弟兄们要一如既往守好这方疆土。"

陈兴亚看看天色对关玉衡说："玉衡，咱们得走了，晚了明天就赶不到洮南了。"

关玉衡握住宁文龙的手说："好兄弟，你就别去了，再说最高长官公署也没让你去，你要去了不是添乱吗？"

宁文龙说："那我送你到洮南，要不我不放心。"

关玉衡："大可不必，陈司令那么多人，你再带着弟兄们去了，人家陈司令怎么想？对不对？"

宁文龙"嘿"了一声，然后说："他哪里知道，葛根庙一带地势险要，不好走哇！"

关玉衡说："没事儿，我们小心一点就是了，你好好守在这儿，我用不了多久，也就回来啦。"

宁文龙心里一酸，神情激动，脸一扭，"嘿"了一声，大步向营房走去。

三辆汽车从察尔森出来，过王爷庙在崎岖的山路上艰难地行驶，前后是全副武装的士兵护卫车，前面护卫车的驾驶室里坐着赵副官和警卫巴图,中间的轿车里坐着陈兴亚,后面是关玉衡一家人。

五、关玉衡被张学良委任为帅府参议

9月16日,关玉衡同东北炮兵重炮旅旅长王致中悄然从白城乘火车抵沈阳新站,由东北炮兵总监冯秉权用汽车接至私宅中暂居,后又移至宪兵副司令李香甫私宅中保护起来。

荣臻参谋长前一段时间对关玉衡意见很大,认为他自作主张,没有请示就处决中村,而且没有及时把中村从事间谍活动的证据送来,搞得满城风雨,弄得自己处处被动。但是,近来一段时间,他目睹日军步步紧逼,心中愤懑,他按照张学良的命令将关玉衡保护起来,而且,他已完全理解了关玉衡处决中村的正义举动。

9月17日,东北长官公署参谋长荣臻奉命答复日本驻沈阳领事林久治郎称:经调查中村案,现已将兴安区第三团团长关玉衡"扣押",即为负责之处理。随后,林久治郎到东北长官公署与参谋长荣臻进行中日谈判。此前,张学良特派统带刘多荃将中村震太郎从事间谍活动的重要证据专程抵沈送交参谋长荣臻。参谋长荣臻遂取消了原来让关玉衡与林久治郎当面对质的打算。

9月20日凌晨,关玉衡同东北宪兵副司令李香甫化装成绅士巧妙地躲过了日军的盘查、搜捕,徒步走到皇姑屯站乘火车赴北平。24日晚8时,张学良在顺成王府官邸接见关玉衡,笑容可掬地对他说:

"你还跑出来了!"

"对不起您,误了大事!"关玉衡说。

"六十多起外交案件,你这是个小案件,没什么。"张学良安慰说。随后,委任关玉衡为帅府参议,月支200元,并移寓在西单花园饭店内。

六、"九一八"事变后，关东军疯狂报复

"九一八"事变后，日本关东军发出通缉令，日本宪兵、特务四处搜捕、追杀关玉衡。1932年3月19日，日本关东军天野旅团上田支队600多人，乘100辆大卡车由郭化县进犯宁安县城。侵驻宁安县城后，日本关东军挨家挨户查找关玉衡的家，并四处打探关玉衡的亲属。找到关玉衡的家后，武力将家产抄没。将其四弟关瑞玿抓走，严刑拷打后钉死在南江沿的火磨楼上；二妹夫亦惨死狱中；关玉衡老父亲见此惨景，如雷轰顶，猛一股急火攻心，3日后不语而逝。老母亲整日老泪纵横，在绝望中病倒了。其后，关玉衡的妻子、女儿也在震惊之下患重病不治相继死去。关玉衡为维护国家民族的利益而惨遭家破人亡。①

---

① 马文业：《"中村事件"始末》，载《宁安市政协文史资料》（第二辑）

第九章
土肥原贤二到兴安屯垦区探查

一、土肥原贤二到屯垦公署

前已略述，1931 年 8 月，日本政府以"中村事件"为借口，捏造事实，煽动侵华战争，面对日本的种种诬蔑，兴安区屯垦公署发表声明断然予以驳斥：

"查本区自成立伊始，东北长官公署即已向驻沈阳各国领事照会在案，谢绝到兴安区参观游历。因保护难周，不发护照，凡私自入该区而有意外发生时，该区概不负责。"

日本关东军特务机关长土肥原贤二[①]置兴安区屯垦公署的严正声明于不顾，公然要求亲自到兴安区事发地勘察。东北长官公署在劝阻无效的情况下，不得不允许土肥原贤二前往兴安区。

8 月 19 日黎明，一列从沈阳开来的客车停在洮安(白城子)火车站。

---

① 土肥原贤二，1939 年 5 月，任关东军第 5 集团军司令官，中将。1944 年 5 月，任陆军教育总监部总监。日本投降后，被盟军远东国际军事法庭判定为日本甲级战犯。于 1948 年 12 月 2 日宣判土肥原贤二有罪，处以绞刑。

这里是兴安屯垦公署所在地。土肥原贤二和小泽开作大尉走下客车，见站台上三步一岗、五步一哨，一派杀气腾腾的景象。土肥原贤二暗自说："我没带千军万马，就把你们吓成这个样子！"他整理了一下军容风纪，昂首挺胸地向前走去。还未到出站口的地方，迎面来了一位中年检票员，说了一句："请跟我来！"遂把他们二位带进一个空荡荡的房子里，不冷不热地说：

"请把护照拿出来，我要验证。"

土肥原贤二在中国工作了二十余年，从来没有过这样的待遇。他清楚地知道，这位验证的官员绝不是例行公事的官方人员，一定是兴安屯垦区督办做给他看的。按照中国人的传统说法，这叫"下马威"。他不屑一顾地取出护照，傲然地摔在桌子上。这位官员看完护照，同样往桌上一摔，朝着通向站外的门口一指，漠然地说了一句："请从这儿出站！"转身大步走去了。

小泽气得紧咬牙关，右手已经攥得死死的，如若不是土肥原贤二递了个眼色，他真会赶上去动武问罪。

土肥原贤二步出站外，望着惶恐散去的百姓，怎么也找不见一位前来接站的官方人员。站前广场竟连个人力车都没有，他俩像没头的苍蝇似的乱转起来，寻找兴安屯垦区的机关。他们费去了大半天的时间，好不容易找到了！令他难以容忍的是，一个中国区区的屯垦督办架子如此之大，冷落了他这位遐迩闻名的日本大佐。他忍气吞声地坐在下手的座位上，望着那位高坐上首的代理督办高仁绂，严厉地质问：

"你接到上司的有关指令了吗？知不知道我来调查失踪的中村震

太郎？"

高督办满脸肃杀气，近似答非所问地说：

"你知不知道这儿是什么地方？"

"兴安屯垦区！"土肥原贤二气呼呼地答道。

"你收没收到东北长官公署照会贵国驻奉天领事馆的公文？"

"我……"土肥原贤二嗫嚅了，"我才赴任，尚未看到你们的照会公文。"

"那好吧，我再送给你一份。"代理督办高仁绂开抽屉，取出一纸公文，在手中掂了掂："请注意我用红笔画的这几句话。"遂丢在了桌面上。

土肥原贤二愤愤地"哼"了一声，起身拿过公文。双手展开一看，用红笔画的是这样几句话：

兴安区乃荒僻不毛之地，山深林密，唯恐保护不周，谢绝参观游历。凡外国人要求入区者，一律不发护照。

"看明白了吧？"高督办冷漠地说，"此地谢绝参观，中村震太郎先生怎么又到这里来了呢？"

"他违反了贵区的禁令，也不应自行将他杀掉！"土肥原贤二气急败坏地说。

"对不起，我高督办连中村震太郎的面都不曾见过，杀他又从何谈起呢？"

"我有证据，中村震太郎被你们杀掉了！"

"请把证据拿出来！"

"我没有带来！"土肥原贤二气得一鼓一鼓的，"我要亲赴垦区查找中村的尸体。"

"这是商定好了的，悉听尊便。"

"请派兵随行保护我的安全！"

"对不起，本区向无先例。"

"走！"土肥原贤二气得脸色刷白，望着暗自摩拳擦掌的小泽愤然说，"我们两人去找。"

"慢！"高督办不紧不慢地说，"上司的通知说得很清楚，只允许土肥原大佐一人赴兴安区，这位大尉嘛，就在白城子等候吧。"

"岂有此理！"土肥原贤二全身抖成一团。

"姓高的！"小泽一步跨到桌前，"**俺叫你知道知道马王爷有三只眼。**"

一声"来人！"从内室蹿出 4 名手握匣枪的侍卫，一起把枪口对准了小泽开作。高督办冷笑地说："请把这个会说山东话的日本人送走！"转身走进了内室。

二、土肥原贤二中途折返

小泽开作被强行押上驶往长春的火车的当天，土肥原贤二在一位姓铁的参谋的陪同下，只身离开了白城子，向着葛根庙西行。沿途部署森严，经常受到检查和盘问。但他仍借寻找中村震太郎之名，细致地考察着不为外国人所知的神秘区。

不久，土肥原贤二从随行的参谋口中获悉了一个重要情报：当年，蒙古王公"多数愿将荒地出售，唯有图业什图旗蒙王叶喜海顺，几经劝说，终无成效"。他知道这位叶喜海顺系肃亲王之婿，为川岛芳子的姐夫。如果得以相见，不仅能弄清中村事件的真相，而且对未来建立满蒙王朝也大有好处，遂决定冒险一行。

朝阳普照在绿缎子似的草原上，顶在草叶上的万点露珠闪闪发光。土肥原贤二骑马向前，时至中午了，他们望见一座蒙古包，一位四十多岁的牧民警觉地看着他们。待到相距不到二十米的时候，这个牧民小声地哼起了《萤火虫之歌》。土肥原贤二闻之大喜，知道这位牧民曾是"满洲游击队"的成员。他随声唱了两句《萤火虫之歌》，接上暗号，又用蒙语告诉对方，随行的参谋不是自己人。

土肥原贤二在盟军远东国际军事法庭接受审判

这位曾是"满洲游击队员"的牧民，把土肥原贤二和随行参谋引进自己的蒙古包中，请土肥原贤二坐在供奉成吉思汗像下面的毡毯上。开饭了，每人手持一把匕首似的短刀，一边吃着手扒肉，一边解怀

判处绞刑的日本战犯土肥原贤二

痛饮马奶酒。不到一个时辰，放量而饮的随行参谋酒醉如泥，倒在

暖烘烘的炉火旁睡着了。土肥原贤二借机向这位牧民问到了中村事件的有关情况……

吃过早饭，土肥原贤二正准备赶赴佘公府（科尔沁右翼前旗察尔森镇）收买当地人，为他寻找中村震太郎的尸骨时，蒙古包外传来了一声马嘶。过一会儿，小泽身着蒙族服装，满面汗渍地走了进来。土肥原贤二惊诧地问：

"你怎么来了？"

小泽开作说，他回到奉天以后，向坂垣征四郎汇报了全部情况。坂垣征四郎取出一份密电，要他化装潜入兴安屯垦区，务必将密电交给土肥原贤二。小泽从内衣中取出一纸，双手呈上。土肥原贤二接过用密码写成的密件一看，上面写着八个字："军情有变，见文速归。"

第十章
群魔密谋侵华大阴谋

一、"石原构想"的企图

土肥原贤二奉令返回奉天特务机关，发现坂垣征四郎、石原莞尔、花谷正三人正在他的办公室等他。

坂垣征四郎　　　　　　石原莞尔　　　　　　花谷正

"帝国政府调土肥原君回国述职。"一见面，坂垣征四郎开门见山地说。

"不想听我说说兴安屯垦区的见闻吗？"土肥原贤二一落座便脱

口而出，"兴安区的部队要哗变，一切准备妥当，只待发动，我们必须先发制人，占领这块军事要地。"

坂垣征四郎，日本陆军大将，日本昭和时代重要将领。他与石原莞尔为日本陆军大学的同窗好友，在日军中，有所谓"石原之智"与"坂垣之胆"之称。

坂垣身材矮小，头剃得精光，脸刮成青白色，黑色的眉毛和小胡子特别显眼；总是服装整洁，袖口露出雪白的衬衫，加上有个轻轻搓手的习惯动作，颇给人一种温文尔雅的印象。他早年的职务几乎都与中国有关：1916年陆军大学毕业后任参谋本部中国课课员，1919年任中国驻军参谋，之后任云南、汉口、奉天等处日军特务机关长和使馆武官。长期对中国的研究观察，使他成为日军中著名的"中国通"。

他又是"一夕会"的重要成员，政治上胆大妄为，一意孤行，具有少壮派军官的一切特点。虽然身份不过是一个参谋，但连内阁首相他也不放在眼里，军事上则深思熟虑，尤其重视地形。1929年他以大佐官阶担任关东军高级参谋，立即拉上关东军作战参谋石原莞尔组织"参谋旅行"，几乎走遍了东北。他的理论是："在对俄作战上，满蒙是主要战场；在对美作战上，满蒙是补给的源泉。从而，实际上，满蒙在对美、俄、中的作战上，都有最大的关系。"①

石原莞尔，日本陆军中将，日军侵略战争的规划者和理论家，

---

① 金一南：《浴血荣光》，北京联合出版公司2012年7月版，第318页。1945年8月，坂垣征四郎被盟军远东军事法庭判定为日本甲级战犯。于1948年12月23日在东京被判处绞刑。

石原莞尔的一系列侵略理论被称为"石原构想"。石原莞尔和坂垣征四郎经过前两次的"参谋旅行"，他们对长春、哈尔滨、海拉尔、洮南、山海关、锦州等地的地形和中国军队的布防情况进行了刺探。据他们估计，张学良的东北军约有 25 万人，其中沈阳周边有两万精锐部队。而当时附近的关东军只有 1.09 万人，从数量上处于绝对劣势。不过，石原莞尔对此并没有丝毫顾虑，他曾轻蔑地说过："我不用拔剑，只用竹刀就足以吓退张学良。"

1931 年 6 月下旬，二人拟订了《处理满蒙问题方案》，也称《关东军占领满蒙计划书》交给了关东军参谋本部。没过几天，东京传来消息，日本文官内阁反对武力解决东三省，天皇也敕令暂缓出兵东北。陆相南次郎传出话来，请耐心等待一年，届时再实施武力占领满蒙的计划。

日本内阁有一个外相叫币原，后来做了首相。他曾经贯彻一个能够妥协的战略，他叫作"币原外交"。对英美是协调，对中国方面也是不主张采取直接的军事行为。政府是不会同意坂垣征四郎和石原莞尔的某些计划的，关东军提出的计划也会被否定。

1931 年 8 月，激进的主战分子本庄繁出任关东军司令长官。8 月 26 日，他听取了关东军特务机关长土肥原关于"中村事件"的报告后，明确表示，要采取强硬态度，随后，他会见了关东军参谋部的高参坂垣征四郎和石原莞尔。

石原对本庄繁说："本庄司令官，如果我们现在不下手，那我们就失去了千载难逢的良机。日本也就无法图谋大业。"本庄繁被他说动了，就说："那你就干吧，出了问题我全力支持你。"

石原懂得，若想尽快武力解决，必须得到关东军最高长官的支持。因为，军部还没有批准他的计划，因此，本庄繁的态度至关重要，石原为了让本庄繁下定决心，便在 8 月 29 日拜见了本庄繁。两人在当晚密谈了很长时间，石原先向本庄繁讲了占领满蒙的重要性，这是拯救日本的重要途径。又向他讲了现在是占领满蒙的最佳时机，苏联正搞第一个五年计划，很难在国外使用武力，美国正处理国内经济危机，英国也无力东顾，而中国东北军主力已入关，关外兵力空虚，蒋介石忙于剿共，必然不敢出兵抵抗关东军。

就在日本当局强硬交涉"中村事件"，关东军积极密谋采取武力行动之时，中国的东北当局，也正在考虑如何解决"中村事件"。8 月下旬，张学良委派东北政务委员会委员汤尔和去日本商谈此事。行前，汤尔和先在大连拜访了"满铁"总裁内田康哉。内田是日本外相币原推荐出任"满铁"总裁的，在日本政界有一定声望。汤尔和与他有旧交，希望他出面协调中日关系。内田一方面表示避免意外冲突，愿以和平的办法，确立中日友好关系；另一方面趁火打劫，提出承建长春至大连等两条铁路的提案，以此换取日军强硬派的理解。

随后，汤尔和马不停蹄地赶到东京时，正赶上日军人员在靖国神社前洒血染旗犒慰灵祭，心情不免紧张。接着，他拜见了日本陆相南次郎，南次郎称："中村事件"非常严重，日方对调查迟缓大为不满，要求将调查结果报上来。汤尔和连续两次打电报给辽宁省主席臧式毅，请他尽快拿主意。此时的臧式毅头痛不已，从电文上看，他已想象到日本政府和军部对"中村事件"的严厉态度。近日，土肥原几次找上门来，叫嚷要武力搜查，不断地恫吓、威胁，"满铁"总裁内田康哉也找上门来，希望答应"满铁"在东三省修铁路。阴的、软的、硬的手段全都使出来了。与此同时，日本关东军的频繁演习也传到了臧式毅和东北边防军长官总署参谋长荣臻耳中，此时，真是"山雨欲来风满楼"。

9 月初，辽宁省警务厅厅长黄显声和守卫沈阳防务的第七旅旅长王以哲，分别向参谋长荣臻报告日军种种动向：日本关东军包围东北兵工厂搞演习，日本驻朝鲜师团在图门江上举行过境演习。这些举动均表明，日本要动用武力，荣臻听后很紧张，不敢怠慢，让他们立刻直接向张学良报告。

张学良接到黄显声和王以哲的报告后，马上派王树翰秘书长代表他到南京请示。蒋介石明确表示：若一旦开战，也不要抵抗，要通过外交途径解决，或待国联裁决。

东北军谈判代表汤尔和回国后，随即与日本总领事林久治郎商讨解决"中村事件"的方法，林久治郎提出了四项条件：1. 道歉；2. 赔偿一切损失；3. 处罚责任者；4. 保证以后不再有类似事件发生。每一项条件都内附一个解释。

汤尔和把日本人开出的条件汇报给了东北边防军长官公署参谋长荣臻，对于前三条，荣臻表示可以接受，虽然有些屈辱，但迫于严峻的形势，做一些让步是可以的。但是，日方对第 4 条的解释却令人瞠目结舌。它的解释是：洮索铁路之建设，应购买"满铁"剩余材料，并准许日本人在兴安屯垦区购买土地从事开垦，准许日本外务省在洮南设置领事馆。对此，荣臻表示坚决不能接受，如果接受，那将成为丧权辱国的罪人，就此，谈判陷入了僵局。

二、土肥原贤二返日后的密谋

9月10日，土肥原贤二返回了日本。为了摸清帝国政府调他回国述职的内幕，当夜赶到永田铁山的住处。

永田铁山详细询问了有关的情况以后，取出几份《朝日新闻》报，指着发表在头版头条的一篇社论说：

"你看吧，社论中概述了你们即将行动的计划，并且还说'看来军方是公然无视舆论，违抗政府'。这给陆相南次郎大将造成了很大的被动，为了答复咄咄逼人的币原外相的质问，才决定调你回国述职，说明满洲方面的情况。"

土肥原贤二深沉地点了点头，脑海中浮现出了一个不小的问号："《朝日新闻》怎么知道得这样详细呢？他们从何处获得的如此机密的新闻呢？"他试探地问：

"陆军部收到同类的情报了吗？"

"没有！"永田铁山有些沉重地说，"据我们分析，币原外相的情报来自驻奉天的领事馆，而你们身边的人，一定有领事馆安插的坐探。"

土肥原贤二信服地点了点头。为了堵住有关情报流入领事馆的渠道，他请求永田铁山通过中国课的根本、俄国课的桥本电告坂垣征四郎，一定加强保密措施。接着，他又试探地问：

"你个人认为，币原外相所获得的情报，有多大的可靠性？"

"我不清楚！这属于……"

"另外部门管的事。"突然，已调任参谋本部任作战部长的建川少将边说边闯了进来，未经寒暄又说，"我听说了，币原外相所得到的情报是准确的，连你们定在 9 月 28 日动手都知道了。"

土肥原贤二听后怔住了，顿感问题严重，一时又不知该说些什么才好。

"不仅我们的外相知道了，"建川又补充说，"连中国的蒋介石、张学良也知道了你们就要发动满洲事变。"

"这是真的？"土肥原贤二脱口而出。

"当然是真的！"建川叹了口气，"我下班之前，刚刚收到来自中国的情报，蒋介石和张学良已在石家庄会面，详细地讨论了满洲方面的局势问题。"

"他们会谈的详情获悉了吗？"永田铁山有些紧张地问。

建川少将微微地摇了摇头。为了打破这沉寂的气氛，他又指责说：

"坂垣和石原他们是谋略方面的新手，可你是有着二十余年经验的谋略家了，为什么会有这样的失误？"

土肥原贤二没有争辩，沉痛地点了点头。

永田铁山虽不满建川的指责，可他还是面带微笑地说：

"方才，我向土肥原君询问了情况，他出任奉天特务机关长以后，即赴兴安屯垦区调查"中村事件"去了。况且坂垣君和石原君隶属关东军司令部……"

"这情报不是由关东军司令部泄露出来的。"建川少将顿时来了火气，"准确地说，是土肥原机关长的助理花谷正两次酒后失言说出来的。"

土肥原贤二惊愕不已，站起身来做了深刻的自我反省。他知道建川少将时任作战部长，为了不造成他工作上的被动，没有把即将爆发的满洲事变的详情告诉他，而只是心照不宣地说了这样一句话：

"请放心，我们会汲取所有的教训的。此次行动，一定成功！"

"谢谢！谢谢……"建川少将为之一振，趋步近前，紧紧地握住土肥原贤二的手，"请放心，一得到领事馆报告的正文，我会转告你的。"

土肥原贤二感动得说不出一句话来，和建川相握的手抓得更紧了。

永田铁山望着这同心相助的情景，不禁暗自说："我们的事业必成！"当他们那三颗同样激动的心平静下来以后，永田铁山才想到建川少将这位不速之客来访的目的。遂问：

"建川部长，有什么紧急的公事吗？"

"有！"建川少将笑了笑，"不过，这件紧急的公事就要办完了。"

"您是专程来找我的？"土肥原贤二难以相信地说。

建川少将微笑着点了点头。

"你怎么知道他会在我这里呢？"永田铁山惊愕地问。

"这还用说吗？"建川少将做了个滑稽的样子，"下班前，陆相南次郎大将通知我，要我代他去看望回国述职的土肥原君，并约定明天上午在陆相官邸汇报。我一想，土肥原君不会回家，准到你这儿来了。这样嘛……"他有意停顿了一下，和永田铁山相视会意，都大声笑了起来。

然而，土肥原贤二依然沉浸在对即将爆发的满洲事变的思索中，他非常严肃地对永田铁山说：

"请代我电告花谷正少佐，不准饮酒，更不准和任何熟识之客对饮！"

翌日上午，土肥原贤二准时来到了威严的陆相官邸，拜会了南次郎大将。由于他事前获悉陆相已得到这样的允诺："关东军必须小心谨慎从事，至少开始时必须把军事行动限制在奉天周围，以及南满中部的少数终点站。"他明白此次召见是例行公事，完全是为了应付内阁的。因此，他也就按照既定的方针一问三不知，指责新闻界神经过敏了事。当陆相问及"中村事件"的时候，他又添枝加叶地谎说了一阵满洲排日的现象。最后，陆相满意地说：

"你在东京多住几天，如果币原外相一定要找你核对情况，就像方才说的那样回答他。"

土肥原贤二犹如千斤石头落了地。他辞别陆相南次郎大将，又来到陆军军事课的官邸。他向永田铁山通报了拜会陆相的经过以后，很轻松地说：

"我很想见见东条君和铃木君，希望在我离开东京以前，能在一起聚一聚。"

"可以，可以。"永田铁山满口应承下来。

9月15日是个大晴的天，东京沐浴在艳阳之中。土肥原贤二和东条英机、铃木贞一身着便装来到了银座——东京的百老汇第五大街。

按照约定的时间，永田铁山应该到了，可他没有来。土肥原贤二和铃木贞一、东条英机交换了个眼色，驱走了依依不愿离去的4个艺伎，他们一边品着法国的白兰地，一边大口地吃着法国大菜，进入了正题。当土肥原贤二说罢"九二八满洲行动计划"以后，东条英机和铃木贞一频频举杯相庆，铃木贞一笑着说：

"东条君！你参与制订的《解决满洲问题方案大纲》就要实施了。来，我敬你一杯！"

东条英机高高地举起酒杯大声地说：

"制造满洲事变不是我们的目的，为未来治理满洲的土肥原君干杯！"

土肥原贤二干了这杯酒，永田铁山依然没有来。他知道这位同窗老友的秉性：言必行，行必果。像今天这样的失约是没有先例的。也可能是出于职业的敏感吧，他放下酒杯，低沉地说：

"可能发生了什么紧急情况了吧？不然，永田君是不会失信的。"

"土肥原君，这儿是东京，不是北平，更不是奉天！"铃木贞一有些醉意地说，"他是军中有名的大忙人，说不定又被哪位长官叫去汇报工作了。"他说罢，蓦地一怔，从衣袋里取出一封信："看我高兴的，差点把这件事忘了。给你，这是东久迩宫亲王写给你的信。"

"你见到东久迩宫亲王了？"土肥原贤二边拆信件边问。

"见到了，他本想约你去他府上细谈，怕不方便，就写了这封信，要我当面转给你。"铃木贞一说。

这是一封介绍日本驻哈尔滨一带高级特务情况的信，告诉土肥原贤二：满洲事变爆发后，一旦关东军挺进北满，这些潜伏多年的高级特务会大显身手的。土肥原贤二阅后，深受感动地说：

"请代我向亲王阁下致意，我一定会执行他的指示的！"

咣当一声，包间的屋门打开了，永田铁山神情有些紧张地走了进来，他扫了一眼同僚们的愕然表情，忙又转身把屋门关好，镇定了一下自己的情绪，小声地说：

"币原外相兴师问罪来了，我陪着陆相脱不开身，来晚了。"

"快说说币原外相兴师问的是什么罪？"土肥原贤二低沉地问。

"说关东军无视帝国政府的警告，就要擅自发动'九二八'满洲事变！"

"陆相南次郎大将是怎样回答的？"东条英机蓦地站起，十分严厉地问。

"陆相答说，关东军是不敢这样随便的。再说，本庄繁司令的为人一向谨慎。"永田铁山突然把话题一转，"可是，币原外相当场拿出了奉天总领事打来的电报，说得有根有据。"

"咳！这个花谷正……"土肥原贤二用力击了桌面一拳，"陆相又是怎样答复的？"

"当时，陆相毫无防备，有些惊慌地说：'是否属实，我派人去调查。'"

"币原外相同意我们陆军部派人赴满洲调查吗？"铃木贞一有些紧张地问。

"他不能不同意，"永田铁山鄙视地说，"因为他十分清楚，关东军是不买他们的账的。"

"陆军部派赴满洲的人选定了吗？"土肥原贤二急忙问。

"定了！"

"谁？"

土肥原贤二、东条英机、铃木贞一异口同声地问。永田铁山松弛地点了点头说：

"建川将军。"

土肥原贤二听后长长地吐了一口气，东条英机和铃木贞一也条件反射似的长叹了一声。总之，由于派遣建川美次赴奉天调查，他们三人全都放心了。又顷，土肥原贤二陡然又紧张起来，急迫地说：

"永田君！应当立即发报通知坂垣征四郎和石原莞尔。"

"我已经命令桥本做了。"永田铁山为了宽慰自己的同党好友，又进而说明："发去的电文内容是：建川决定3天后访问满洲首府奉天，定于9月18日晚7点5分乘火车到达。"

土肥原贤二蹙着眉头沉思片刻。突然把头一扬，果断地指出这封电文不够明确，当即又拟定了这样一份电文："计划泄露，建川将到现场去，故赶快干。建川到达之后，也要在听其使命之前实行。"①

日本陆军参谋本部高级情报活动的第二部部长建川美次，是日本国内陆军参谋本部的主战派之一。

紧接着，日本陆军参谋本部参谋河本大作携5万日元乘飞机来到沈阳，将此款交给关东军特务机关头目花谷正。这笔钱，是日本财阀捐助的活动经费，花谷正说："太好了，真是雪中送炭。"

---

①　王朝柱《谍海奸雄土肥原贤二秘录》，作家出版社2013年1月版，第154～159页。

第十一章
中日关于"中村事件"的交涉

一、张学良的文电 ①

8月24日，民国中央政府外交部致东北政务委员会电：

"纪密。报载日本陆军大尉中村于6月26日左右，在洮索线终点葛根庙附近，苏鄂公爷府（科尔沁右翼前旗察尔森）山中，被兴安屯垦队（军）第三团官兵杀害。据驻日使馆电称，此事日外务省仍拟由外交解决等语。究竟实情如何，希饬详查电复为荷。"

8月26日，张学良命东北政务委员会复电："南京外交部勋鉴：纪密。敬电诵悉。此案前据日方口头提出，我方尚未得有报告。现已由边防司令部长官公署派员确切调查，俟得报再以奉闻。"

8月31日，张学良致电南京外交部：

"关于中村大尉事件调查结果，该大尉等既未入日方所主张之遭

---

① 《张学良将军资料选》，辽宁人民出版社1986年11月版，第55~57页；辽宁省档案馆：《"九一八"事变档案史料精编》，辽宁人民出版社1991年8月版，第249~252页。

难区域,虐杀自为无根之事实,故日本政府如向南京外交部要求再调查时,请即以义严词正,委婉拒绝。"

9月3日,张学良否认中村案向外交部密电"关于中村大尉事件,调查结果,该大尉等既未入日方所主张之遭难区域,虐杀自为无根之事实,故日本政府如向南京外交部要求在调查时,请即以义严词正,委婉拒绝。"

9月4日,张学良致电参谋长荣臻和辽宁省省长臧式毅:"详密。

臧式毅

接汤尔和电(驻日本东京中国使馆),言日方对中村事件表示极严重,谓我方有事推诿,日陆军方面异常愤慨等语。已复以此事真相实不甚悉,并非故意推诿,现正调查中,如责任确在我方,定予负责者以严重之处置;如日方对此案有何举证,极所乐闻,以为调查之参考等语。究竟此案真相如何,并与日方交涉之经过,希速详复为盼。张学良。支申秘印。"

9月5日,臧式毅复张学良:"急。北平张副司令钧鉴:详密。支申密电敬悉。中村案前经军署派员调查,现已回省。惟所查尚未详尽,顷已派员复查。所有调查情形及日领谈话经过。由荣参谋长到平晋谒时面陈一切。谨复。臧式毅叩。歌印。"

9月6日,张学良致臧式毅:"辽宁政委会臧代主席、边署荣参谋长鉴:平密。前于江日复汤尔和一电,文曰:维宙转示尊函敬悉种切。查日韩在东北各地居住侨民,曾经官方迭次令饬各地方长官妥加保护在案，最近复经再申前令，一体切实奉行矣。特复。等语。特电查照。张学良。鱼亥秘印。"

同日，张维城复东北政委会公函："东北政务委员会公鉴：江电敬悉。连日日报登载中村大尉事件，鼓吹武力解决，日人团体甲子俱乐部等又扩大宣传，以致感情恶劣，侨民惊惧。请将该事件详情随时电知，以便相机解释。据报载，日本政府拟移驻内地师团于朝鲜、满洲各五千人，共一万人。除电陈中央外，谨闻。驻朝鲜总领事张维城叩。六日。"

9月7日，外交部复东北政委会电："辽宁东北政务委员会：汉密。宥电悉。中村事件，吾方所得报告究竟如何？日方曾否又来提及？日本报载东北当局为此事特派赵欣伯等赴日请求谅解，赵氏并在途与人，中村事件非官兵所为，乃暴民所为，今后当严重警戒，并拟对日政府谢罪，等情。是否属实，统盼详晰，电复为荷。外交部。虞印。"

【吴家象批】未得真相，又派员调查中，屡来提及并无此事，未闻有此话。

9月9日，东北政委会复外交部电："南京外交部勋鉴：汉密。宥电悉。中村事尚未得确报，正在切实侦查中，日方已屡来催询，仍须俟查复再答。赵欣伯等系由法研究会赴日，专为考察司法事项，东北当局并未派其担负何项任务。日报所载赵氏谈话此间毫无所闻知，至其所谈意旨，尤无根据。特此奉复。东北政务委员会。佳印。"

二、中日关于"中村事件"的最后一次交涉

1931年9月18日，16时。沈阳。东北边防军长官公署会议室。

东北军参谋长荣臻与日本驻沈阳总领事林久治郎进行最后一次交涉。因事极秘密，林久治郎会说中国话，会谈没有译员。会谈之前，

双方都很严肃,甚至连外交上的礼节都免了。会议室只有荣臻参谋长、林久治郎、公署副官处副处长李济川。

"关于'中村事件',现在已到了严重关头,参谋长准备如何答复?"林久治郎开门见山,摆出一副最后通牒的咄咄逼人之势。

荣臻,民国元年(1912年)入保定陆军军官学校第一期炮兵科。[①]

荣臻

民国三年(1914年)11月毕业后,加入东北军李景林部,历任排长、连长、副官。民国六年(1917年)元月考入北京陆军大学。民国八年(1919年)毕业后,任东三省讲武堂教官,后历任营长、团长、旅长、师长。民国十六年(1927年)6月,任第四方面军第十七军中将军长。民国十八年(1929年)3月,任国民党第五编遣区驻沈阳办事处主任。翌年,任东三省保安司令部军事厅中将厅长。民国二十年(1931年)初,任东北边防军长官公署中将参谋长。

对林久治郎的逼问荣臻早有准备,他计划在最后关头亮出自己的"杀手锏",让日本人无话可说,彻底了结令人心烦的"中村事件"。

---

① 荣臻:1932年8月19日,任国民政府军委会北平分会委员、常务委员。日军占领华北后,参加日伪政权。1943年6月10日,任汪伪军事委员会委员,同年8月13日,任汪伪军事委员会主任委员。在担任伪职期间,荣臻曾与共产党领导的八路军地下情报组织取得秘密联系,利用职务便利,为抗日做一些有益的工作。解放后,被共产党和人民政府作为统战人士对待,经常在兰州和北京儿女处闲住。1960年前后病故于北京。

他不慌不忙地转回身，拿出中村大尉在兴安区一带绘制的军用地图、各种文件及间谍实物，说道："总领事你自己看看，这些东西能让我说什么呢？你们既没有向交涉署照会，又没有我们的护照，如何让我们行保护之责？"

林久治郎，1882 年 10 月 27 日，出生于日本枥木县，外交官，毕业于早稻田大学。1907 年任日本驻吉林领事馆补，旋升领事。1914 年任驻天津领事。1915 年任驻济南领事，后任日本驻英国大使馆二等书记官。1919 年任驻福州总领事。1923 年任驻汉口总领事，后任日本驻泰国公使，参加过 1927 年田中义一首相组织的东方会议，于 1928 年出任奉天总领事。

"荣参谋长，我们已经谈过多次，今天还把这些东西拿出来干啥！"尽管嘴上强硬，这些突然出现的物证还是令林久治郎大吃一惊，他万没想到中国方面会在最后一刻走此一招。立时，他觉得满身躁热，汗珠顺着他那泛着油光的面颊淌下来。忙乱中手帕也不知哪儿去了，最后终于掏了出来，忙不迭地一阵猛擦。但林久治郎不愧是个经验丰富的外交官、熟知中国事务的"中国通"。他深知此时的丝毫慌乱不但影响后面的谈话分量，还会给对手增强一分心理优势。现在必须反击，在心理上打倒对手。他太熟悉中国官员的弱点了，必须以高压！想到此，他拿出一副蛮不讲理的口吻对荣臻说道："日本军人横暴，不服从外交官的指示，自由行动，这是我们陆军省历来的作风。到现在这个紧要关头，拿出这些东西，谈别的都没什么用。还是考虑如何处理这件事吧！"

荣臻乍听这话先是一愣，随之血往上涌，气往上冲。什么外交官，简直与强盗无异。你们军人历来的作风是横暴，想干什么就干什么，那我们的军人呢？公理呢？真是强盗逻辑，想胡搅蛮缠，想讹诈，算是你瞎了狗眼。想到此，他不顾身旁其他官员的一再暗示，硬邦邦地顶回一句："我们的军人也是横暴的，你们没护照，擅入我兴安岭屯垦区绘图、拍照，辱骂他们，我们也没办法。今天让我退缩办不到，我不能写亡国史的第一页。"

林久治郎一跃而起，把手一挥，像是要把荣臻拂走似的，声音尖厉地威胁道："这事没法谈了，告辞。"

临走，还回头扔给荣臻一句硬邦邦的话："中日友好关系的最后破裂，我不能负责。"

中日双方关于"中村事件"的最后一次交涉不欢而散，宣告结束。①

9月18日，关东军司令官本庄繁在沈阳检阅关东军第二师并发布重要指示："现在满蒙的形势日益不安，不许有一日之偷安。当万一发生事端时，希各部队务必采取积极之行动，要有决不失败的决心和准备，不可有半点失误……"实际上，本庄繁发出了侵华战争的动员令。

是日夜10时30分，日本关东军向驻沈阳北大营的东北军突然发起进攻。

震惊中外的"九一八"事件爆发。

是日夜，东北军8000精锐几乎没有抵抗。

翌日，沈阳陷落。

---

① 李济川：《从九一八到七七事变》，中国文史出版社1987年第一版，第16～18页。

第十二章
张学良"不抵抗"揭秘

"九一八"事变前，蒋介石电谕、面谕：无论日军如何寻衅，应不予抵抗。

"九一八"事变后，对于各界指责、讥讽、辱骂，张学良忍气吞声，诚如悉知内情的冯玉祥将军所说："他是有苦说不出来。"

"不抵抗"的罪名，实是"蒋冠张戴"了，先说"九一八"事变之前。

日寇吞并我东北野心早已存在，1931年入夏以后，东北地区局势日趋紧张。7月12日，张学良通过电话报告蒋介石：日军处心积虑欲挑起事端。

蒋介石指示说："要避免引起冲突，现在还不是与日本人作战的时候。"

"中村事件"发生后，东北战事有随时爆发的可能。8月16日，蒋介石密电张学良：

"无论日本军队此后如何在东北寻衅，我方应予不抵抗，力避冲突。吾兄万勿逞一时之愤，置国家民族于不顾。"

少帅将蒋介石的密电，转达东北各地守军长官周知，一体遵守。

蒋介石这份发自 16 日的"铣电"，明确提出了对日寻衅的"不抵抗"政策。此后，"不抵抗"成了"九一八"前后必须遵守的一贯训令。

南京政府得到情报，关东军要在东北动手了。蒋介石因少帅年轻气盛、争强好胜，对日军又有杀父之仇，担心他事到临头置"不抵抗"于不顾，遂决定做郑重面谕，便约张学良于 9 月 12 日至石家庄会晤。

是日，张学良乘专车自北平出发，在石家庄与蒋会面，并在车厢里秘密商谈。

当讲到日军在近期内恐有动作时，蒋介石说："我们的力量不足，不能打，凡遇日军进攻，一律不准抵抗。"

"谨遵委员长训示。"少帅点头过后，问道："日军若是攻无休止呢？"

"可以提请国际联盟解决。"蒋介石叮嘱道，"如果我们回击了，事情就不好办了，明明是日军先开衅的，他们可以硬说是我们先打他。他们的嘴大，我们的嘴小，到那时就分辩不清了。"

"国际联盟恐也管不住日本人，到头来吃亏的总是我们。"少帅有些冲动。

"不管怎么说，总之是不予抵抗。"蒋介石严肃起来，"我为什么撂下公务来这里与你会面？主要之点就是要你，并严令东北军全体，无论日军如何寻衅，务必不抵抗。"他声色俱厉："军人以服从为天职，明白吗？"

"知道了。"少帅不无勉强地点头应承。"九一八"之夜少帅做了应做的，唯不敢违抗"不抵抗"训令。

"九一八"之夜，张学良究竟在哪里？又在干什么？当时传言颇多，有说他正在睡觉，事变消息传来时，侍卫不敢叫醒他，直到次日早上，才知日军已占领了沈阳。

传言最多的是，那天晚上少帅与胡蝶在六国饭店跳舞。

事实上，这两则传言均属子虚乌有。"九一八"之夜少帅既未去六国饭店跳舞，也未一觉睡到天亮，而是就如何应变彻夜未眠，做了他该做的，错就错在不敢"将在外君命有所不受"，不敢不顾蒋介石"不抵抗"的严令奋起抗御。

自这年4月中旬起，张学良奉中央之命，在北平设置陆海空军副司令行营，节制东北、华北各省军事，往来于北平、沈阳间。6月间，他因患伤寒入北平协和医院治疗，然一时未得痊愈，故九一八事变起，仍在协和医院疗养。

9月18日晚上，张学良出席入关助蒋打胜中原大战一周年纪念活动，偕夫人于凤至、赵四小姐在前门外中和戏院，看梅兰芳演出《宇宙锋》。戏行将演完时，随从副官谭海匆匆进入包厢，与张学良耳语道："荣参谋长来了紧急电话。"

少帅立即离开戏院，驱车赶赴医院。东北边防军参谋长荣臻向他报告日军进攻沈阳，请示应对办法。

"小日本欺人太甚!"张学良热血上涌,以拳擂案。但他迅速"冷静"下来,以无可奈何的口吻指示荣臻:"遵照委员长铣电训示,应避免冲突,暂作忍辱负重,勿作一时之愤,以免事态扩大不好收拾,等待国际联盟处置。"

荣臻于是通知下去:执行委员长铣电训示,不予抵抗。

张学良随即接通电话,向南京报告了日军进攻沈阳的消息,并告暂不抵抗。

紧接着,张学良召集在北平的随员会议,通报情况后说:"对于日军进攻,我已下令暂且忍耐,不予抵抗,以防事态扩大,兵连祸结,波及全国。"

于学忠气愤难平,说:"军人负守土之责,应该奋起抵抗,怎么可以不还手呢?"

"我何尝不这样想?"少帅苦笑着说,"委员长电谕、面谕,三令五申不予抵抗,我这个地方军事长官只能服从。现已向中央请示最终办法,中央如有命令抵抗,即与各位决战前敌,义不容辞!"

面对老蒋密电,少帅哀叹:不求见谅于人,只求无愧于心!

"九一八"那天,蒋介石正在赴南昌行营途中,得到从南京转来的张学良的报告后,立即密电张学良:

"我国遵守非战公约,不准衅自我开,切望采取不抵抗主义,勿使事态扩大,影响外交解决。"

少帅不敢怠慢,急电荣臻及东北各省督办:

"奉密电令，我国遵守非战公约，不准衅自我开，特令遵照。"

他再次召集随行的高级将领及幕僚会议，传达了蒋介石的密电令。面对满场激愤，作为统帅的他，只能寻找理由劝慰安抚："从政治和军事上分析，敌强我弱，假使违抗中央训令，以一时之愤抵抗，必孤军作战，后援不继，其结果不仅有可能全军玉碎，且给东北父老带来深重战祸。故为今之计，只有严遵中央训令，保存实力，卧薪尝胆，整军经武，以待来日。"

22 日，蒋介石在南京纪念孙中山的例会上发表讲话，宣明对"九一八"事变的态度："我国民此刻必须上下一致，先以公理对强权，以和平对野蛮，忍痛含悲，暂取逆来忍受态度，以待国际联盟公理之判断。在国际联盟做出公正裁决之前，国人应保持耐心。"

"不抵抗"政策犹如紧箍咒，使张学良战和两难、进退维谷，不得不屈从，却又不能揭示难言之隐。他陷入了深深的痛苦之中，面对各方责难，只能一次又一次做如下表白："我姓张的如有卖国的事情，请你们将我打死，我都无怨；就是把我的头颅割下来，也是愿意的。我不求见谅于人，只求无愧于心，我敢断然自信，第一不屈服、不卖国；第二不贪生、不怕死。"

言出肺腑，信誓旦旦，可称句句血泪！可是，不知内情的国人就是不信。

"九一八"事变造成的损失：日本关东军缴获各类枪支 11.82 万支、

机枪 5864 挺、大炮 600 门、各式迫击炮 3091 门、飞机 262 架。沈阳的银行、机关、企业、学校财产损失累计 17 亿元以上，外加张学良 10 火车皮私人财产，计有 4 万两黄金、1000 万元和大帅府 6 个金库悉数落入敌手。①

---

① 魏鹏、高洋："张学良是否下达'不反抗'的命令"，载《纵横》2011 年第 9 期。

第十三章
关玉衡香山慈幼院托孤后奔赴抗日前线

一、北平香山慈幼院托孤

1932 年初春的一天上午，北平香山静宜园香山慈幼院，院长室。

香山慈幼院院长熊希龄，清同治九年庚午六月二十五日（1870 年 7 月 23 日）出生于湖南湘西凤凰县一个三代人从军的军人家庭。因隶属湖南凤凰厅，故熊希龄成名之后被人称为熊凤凰。

1897 年，熊希龄与谭嗣同等在长沙创办实务学堂，任总理。1898 年，赵尔巽任东三省总督，任熊希龄为屯垦局总办。清廷派五大臣出洋考察宪政时，熊希龄经赵尔巽推荐出任参赞，返回国内后，任东三省工商局总办、财政监理官等职，被称为理财能手。1912

北平香山慈幼院院长熊希龄

年 4 月，任唐绍仪内阁财政部长，7 月辞职，旋任热河都统，后任北洋"第一流人才内阁"总理兼财政总长。1914 年 2 月，熊希龄因故辞去总理本兼各职，转向慈善和教育事业。1918 年，创办北平香山慈幼院，任院长。①

"我叫关玉衡，东北军原兴安屯垦军第三团团长。"关玉衡面对熊希龄恭恭敬敬地敬了军礼后说："熊总理，今天拜见您，是要给您添麻烦了。"

"啊，关团长，久闻大名，今日一见，是老夫的荣幸。"熊希龄上前紧握着关玉衡的双手说，"不要叫我什么总理，那都是过去的事了，不足挂齿，不足挂齿。"

熊希龄看着关玉衡身后着装整齐的孩子们问："关团长，这都是你的儿子？"

关松军（松亭、松森）三兄弟

"是，我的太太刘敬哲 8 天前去世了，这不，刚刚烧过头七，我就把他们领到你这儿了。"关玉衡转身看着三个孩子："这是大儿子关松军，8 岁；次子关松亭，4 岁，"又指着松军怀里抱着的孩子说："这是我的小儿子关松森，刚刚 2 岁。"然后，以命令的口吻说："叫熊爷爷。"

---

① 江苏师范大学历史文化与旅游学院硕士研究生刘振提供。

"熊爷爷。"三个儿子嫩声嫩气地齐声说。

"我马上要去辽北开鲁县报到，那里的蒙边抗日义勇军在等着我，"关玉衡对熊希龄恳请说，"这三个孩子就托付给您了！"

"关团长，你是中华民族的热血男儿，面对倭寇的挑衅和侵略，你不畏惧，不后退，敢于挥刀搏杀，为国为民除害，是大大的民族英雄，我敬佩你！"熊希龄

香山慈幼院的孩子们

动情地说，"这三个孩子就交给我吧，我一定负责把他们照顾好，分文不取，你放心大胆上前线杀鬼子！"

"谢谢，太谢谢了！"关玉衡对熊希龄发自内心地说。然后，深情地对三个儿子说："爸爸抗日去，等打走了日本鬼子，再回来领你们回家乡。听熊爷爷的话。"临别时，又给熊希龄敬了个军礼："再见！等着我的好消息。"然后转身离去。

二、就任抗日义勇军右路军指挥

1932年春，关玉衡为了实现自己抗击日寇的宏愿，化名国尔家，从北平到上海任东北义勇军后援会委员，负责辽北蒙边抗日义勇军的后援工作。6月，改名郭尔佳，化装到哲里木盟开鲁县，同辽北蒙边宣抚专员高文彬共同努力，先后建立开鲁后援会和辽北蒙边抗日军。关玉衡任右路军指挥，高文彬任义勇军第五军司令。

右路军约1500人，系由原热河省保安队和蒙旗保安队组成。部队缺乏正规训练，装备差，枪械、弹药、马匹、军粮严重不足，官兵们每日仅靠煮几穗青苞米充饥，体质弱，战斗力不强。关玉衡立即向上海后援会总部求援，很快使全体官兵脱掉破旧的棉袄、皮袄，换上崭新的单军装和草帽。随后，关玉衡着手整顿部队投入训练，但很快被日军发现，连续派飞机对部队驻地狂轰滥炸，甚至施放鼠疫毒菌，致使开鲁县城鼠疫蔓延，每天有数十人死亡，部队亦有减员。面对贫困和死亡的威胁，有人退缩了，开了小差。关玉衡坚持与官兵们同甘共苦，照常操练，稳定了官兵的情绪，伺机打击日寇。

8月，后援会决定攻打通辽，由关玉衡、高文彬指挥。8月31日凌晨3时30分，义勇军发起总攻。高文彬率800余人从城西门诱敌深入，进行袭击；辽北蒙边第一路骑兵司令李海山率部由北门向南门进攻；第二路司令刘震玉等率部从东门进攻。义勇军官兵奋不顾身，英勇冲杀，激战至下午3时许，营长谢国忱率大刀队200余勇士，冒着敌人猛烈的炮火，搭起人梯翻墙而入，纷纷挥刀向日寇猛砍狠杀，砍死日军60余人，大刀队员伤亡8人。激战至晚9时许，日军调来伪军2000人增援。义勇军遂决定停止攻城，撤回余粮堡。是役，共毙敌170余人，缴获枪支200余支。

10月4日凌晨4时，义勇军李海山、刘震玉率部兵分两路，再次向通辽发起攻击，与日伪军激战一昼夜，击毙日军大佐1人、士兵30余人，于翌日5时许攻占通辽小街基。是夜，在日军的反扑下，小街基失守，义勇军撤出通辽。

10月6日，关玉衡紧急筹集子弹5万发送到李海山、刘震玉所属部队。是日晚 10 时，义勇军向通辽发起第三次攻击。此时，守城日军调集坦克装甲车和重兵扼守城内各主要路口，戒备森严，阻击火力猛烈。义勇军没有重武器，只能用步枪、手榴弹向敌人进攻，击毙日军 70 余人、伪军 90 余人。激战至翌日凌晨 4 时许，义勇军主动撤出战斗。

　　早在义勇军第一次攻打通辽后不久（9 月 5 日），关玉衡就在余粮堡召开军事会议，决定攻打辽源（郑家屯）。10 月 26 日，辽源守城伪军天兴涛、于海川秘密派特使面见关玉衡、高文彬表示："且情愿做内应，并做各巷口引导。"关玉衡、高文彬遂决定于 27 日凌晨 2 时许，向盘踞城内的日军发起攻击。高文彬率部从西南攻入城内，直至柴市，被日军设置的铁丝网工事和猛烈的火力所阻；李海山率部由城南沿铁路向城内进攻；刘震玉率部由城西进攻；白梦梅率直属独立支队进攻火车站，烧掉一座库房；城内伪军即举兵策应。日军顿时大乱，窜入各炮楼顽抗，双方激战，火力异常猛烈。至下午 1 时，日伪军 1500 余人赶来增援，从南、北两面用炮火向义勇军猛烈轰击。随后，日军又出动飞机 20 余架飞临义勇军阵地上空轰炸、扫射，义勇军伤亡很大。血战至下午 4 时，日军以南北夹击之势，企图围歼义勇军。为避免遭受更大的伤亡，关玉衡果断地命令部队撤出战斗，率队进入康平县，受到当地群众的热烈欢迎。是役，毙敌 340 余人。

　　辽北蒙边抗日义勇军夜袭通辽、辽源，重创日军，震惊敌伪。吉热辽边人民群众受到很大的鼓舞。北平后援会送来 4 万元慰问费，补给部队制作冬装，同时决定任关玉衡为辽北蒙边抗日义勇军左、右路军总指挥。翌年 1 月，关玉衡指挥义勇军 2000 余人，乘夜幕突然包围巴拉沈营子日军营地，随后发起突然袭击，以优势兵力打了个漂亮的歼灭战，全歼日军 70 余人，缴获大卡车 1 辆、枪支 60 多支。

1933 年 2 月 21 日，日军以通辽、绥中为基地，分三路进犯热河，北侵开鲁，南攻凌源，中犯朝阳。2 月末，开鲁、赤峰等地相继沦陷。3 月 4 日，省会承德失守，热河抗战失败。

三、《何梅协定》签订后义勇军被解散

1935 年 5 月 2 日夜和 3 日凌晨，天津日租界汉奸报《国权》社长胡恩溥、《振报》社长白逾桓相继被杀。日本指责此系国民党所为，是排日行为，向国民政府北平分会施加压力。与此同时，同年 5 月 15 日，在热河南部活动的抗日义勇军孙永勤部受到日本军的追击退入长城以南的"非武装区"。5 月

何应钦与梅津美治郎签订《何梅协定》

20 日，关东军越过长城，在与国民党军夹攻下消灭了这支抗日武装。日本指责中方破坏《塘沽协定》，由日本天津驻军参谋长酒井隆于 5 月 29 日向国民党政府提出交涉。这就是所谓"河北事件"。日本利用这一事件，在武力恫吓下，强迫国民党政府接受日本提出各种要求。国民党政府概为应允。

同年 6 月 9 日，酒井隆约见何应钦，就胡、白被杀事件，向何应钦递交了日本华北驻屯军司令官梅津美治郎拟订的"备忘录"，要

求国民政府宪兵第三团、军委会政训处等撤出华北。以上机构都是蒋介石为加强对华北的控制而设，阻碍了日本使华北脱离国民政府而实行"自治"的阴谋，因此为日军嫉恨。酒井隆还要求国民党中央军撤出河北，并罢免对日本态度强硬的河北省主席于学忠。事关重大，何应钦忙向蒋介石报告，并在此后第 13 天，分 4 次与酒井隆当面交涉。1935 年 6 月 10 日，何应钦第 4 次与酒井隆面谈协商此事时，酒井隆又使出流氓无赖的手段，他把鞋子脱掉，放到谈判桌上，然后盘腿坐在椅子上，并不时地用佩刀敲打桌子要求何应钦按照日方拟订的条约签字。何应钦没有应允，酒井隆竟大发脾气骂骂咧咧地出了门，没走几步，即解开裤带，不避周围众人，当院小便起来，弄得何应钦哭笑不得。

何应钦为避免日方的纠缠，于 1935 年 6 月 13 日回南京向国民政府汇报。经蒋介石授意，在与日方多次秘密会商后，何应钦于 7 月 6 日正式复函梅津美治郎，表示对"所提各事均承诺之"。何、梅二人往来的备忘录和复函就是臭名昭著的《何梅协定》。

《何梅协定》的主要内容是：取消国民党在河北及平津的党部；撤退驻河北的东北军、中央军和宪兵第三团；撤换国民党河北省主席及平津两市市长；取缔河北省的反日团体和反日活动等等。这个协定实际上放弃了华北主权，为两年后日本发动全面侵华战争埋下了更大的隐患。

政府接二连三地与日本签订出卖主权的协定，激起了全国人民的极大义愤。张学良和杨虎城于 1936 年 12 月 12 日上午为西安事变向全国发出通电说："东北沦亡，时逾五载，国权凌夷、疆土日蹙，淞沪协定屈辱于前，塘沽、何梅协定继之于后。凡属国人，无不痛心。"何香凝义愤填膺，随即派人把自己的一条旧裙子与续范亭的一副对联装进一个包裹送给蒋介石，她在裙子上题了一首诗并有落款："枉自称男儿，甘受倭奴气。不战送山河，万世同羞耻。吾侪妇女们，愿赴沙场死。将我巾帼裳，换你征衣去！"这首诗愤怒地抨击了蒋介石不抗日的卖国行径，并表示了自己愿作巾帼英雄奔赴抗日前线的决心。包裹中附寄的续范亭的对联为："井底孤蛙小天小地自高自大，厕中怪石不中不正又臭又顽。"

蒋介石坚持"攘外必先安内"的反动政策，在《何梅协定》签订后，为取悦日本侵略者，下令解散东北抗日义勇军。关玉衡部撤至古北口时，被国民党军刘汝明部缴械后遣散。

关玉衡怀着极其悲愤的心情只身回到北平。

第十四章
周恩来赞赏关玉衡的抗日之举

一、关玉衡就任少将炮兵师长兼任横山县县长

关玉衡回到北平后，何应钦等亲日分子指责他处死中村震太郎"是破坏中日邦交，是引起日本出兵东北的罪魁祸首"，主张逮捕法办。关玉衡对这些抗日有罪、爱国有罪的谬论十分气愤，数次去国民党驻北平军分会申述，不料反被军警扣押。后来，由中国民权保障同盟会等爱国组织多方营救释放。

1934 年 10 月 2 日，南京政府正式命张学良为西北"剿匪"副司令，代行总司令职权，节制陕、甘、宁、青 4 省军政事宜。

1935 年 9 月 13 日，张学良带着赵四小姐和随从人员，乘坐自用的波音飞机，飞到西安。古城西安秋高气爽，天空碧净无云，阳光明朗而温暖。西安绥靖公署主任杨虎城和陕西省主席邵力子等人到飞机场迎接。张学良下榻在绥靖公署的新城大楼达半月之久。杨虎城还主动表示，要将新城大楼腾出来，作为西北"剿匪"的总部，以此试探，张学良婉言谢绝了。

张学良在西安市东门里金家巷买了一处房子作为公馆。这是一处西洋式建筑，东西排列的三座三层砖木结构的西式楼房，外有围墙。东楼是机要楼；中楼是客厅、会议室；西楼是张学良的居室。张学良公馆的外围由手枪营站岗，里面有卫兵站岗。公馆共有 60 名卫士，都是尉官；有 8 名副官，都是校级军官；副官之上是副官长谭海少将。

1936 年元旦刚过，关玉衡从北平来到西安晋见张学良。

张学良拍拍他的肩膀风趣地说：

"你的头还长在肩上，为你干一杯吧！"

随后，下令委任关玉衡为东北军少将炮兵师长兼任横山县县长。

1936 年 12 月 12 日，张学良、杨虎城发动"西安事变"。12 月 24 日，蒋介石被迫接受了张、杨提出的停止内战、一致抗日的八项主张。关玉衡甚为兴奋，胸中又燃起抗日之火。他满怀爱国热情，组建了横山抗日后援会，亲任会长。横山县后援会实际上是中共横山地下县委，县委书记任后援会副会长。关玉衡暗中向吕正操部送过马匹和枪支，与榆林地区八路军办事处达成修建横山至榆林公路的协议。国民党下令让他搜查共产党重要负责人的家，他只走了走过场上报："没有可疑之处。"他还积极训练县保安队、民团、准备抗日武装。

1939 年，国民党顽固派发动第一次反共高潮前夕，关玉衡遭到国民党特务的诬陷，被解除县长职务。不久，地下党派人将他接到绥德三五九旅，看到了在警备剧团工作的大儿子关松军。父子重逢，悲喜交集。17 岁的松军对他说，是为打日本鬼子参加八路军的。他高兴极了："好，这才像我的小子，好好干！"

二、周恩来称关玉衡为爱国军官

1943 年 7 月 16 日，周恩来从重庆返回延安。

1944 年 8 月的一天上午，天高云淡，风和日丽。延安杨家岭，中共中央办公厅的一孔窑洞。

窑洞里面放着粗糙的家具，家具上刷着黄漆，闪闪发光。

周恩来接待了一位来自延安鲁艺的小学员，他叫关松军。36 年后，关松军在《哈尔滨文艺》发表的一篇文章《延河静静流》中回忆道：[①]

　　1978 年 3 月初，在京参加纪念周恩来同志诞辰八十周年活动后，我因事又一次乘飞机来到我的第二故乡——延安。

　　春风悄悄地从大地上拂过，细细的春雨给延河边上的柳树、洋槐抹上了一层新绿，温润的空气里夹着阵阵清香。我披着金色的朝霞，沿着弯弯曲曲的柏油路，到了我常常思念的杨家岭。

　　在向阳坡上一个简陋的院落门前，我停住了脚步。这里就是我要看望的地方——周恩来同志旧居。

　　怀着无限的思念和敬仰，我走进朴素的窑洞。单薄的被褥、粗糙的桌椅、土瓷的茶具，把我带回到那遥远的艰苦岁月……凝望着挂在墙上的那目光炯炯、慈祥微笑的周副主席的照片，我沉浸在深深的回忆里……

　　1944 年夏，延安鲁艺要演出大型秧歌剧《血泪仇》。剧中需要一套国民党的高级将领制服。剧团里没有，只好设法

———————————

① 《哈尔滨文艺》1980 年 4 月刊。

借用。经领导研究，决定派我到杨家岭，请中央办公厅帮助商借。

接到这个任务后，我感到十分困惑。因为当时延安，只有少数几位从事统战工作并在国共合作的机关担任过职务的领导同志才有这种衣服。而这些领导同志经常不在延安，即使在延安，又都非常繁忙，他们能有功夫接见我吗？他们的衣服在不在身边？愿不愿意借出？都难预料。我怀着忐忑不安的心情，到了杨家岭。

毛泽东、周恩来离开延安时与赫尔利、张治中、朱德在驻延安美军观察组住处前合影

谁料，事情和我想的完全两样。当我到了中央办公厅，交上介绍信之后，值班的同志叫我稍等一下，就拿着介绍信出去了。几分钟之后，他就回来，微笑着对我说："首长要见你，跟我来吧。"是哪位首长要见我？服装能否借到？带着这个疑问，我怯生生地跟在那位值班同志的身后。

我被领进一孔窑洞，进门后，未来得及站稳，就见我们的周副主席笑着向我走来，并伸出了他的右手。我呆住了！

我们的周副主席，在日夜繁忙工作中，竟然抽出时间来接见我这个 19 岁的普通一兵，我十分激动，更万分紧张，呼吸急促，手足无措……

还是周副主席先开口说："你好哇！小同志。"我这时才想起，应该向周副主席敬礼。于是，急忙整理好衣服，举手敬了个军礼。然后扑上前去，双手抓住他的大手，紧紧握住不放。

周副主席笑着说："请坐嘛！小同志。咱们坐下来谈吧。"我这时才意识到自己的失态，连忙把手松开，十分拘束地坐在延安土制的沙发上。

周副主席用土瓷杯给我倒了一杯水，然后问我叫什么名字，我做了回答。周副主席接着又问：多大年纪了？什么时候到延安的？在鲁艺前在什么地方？参加了整风没有？都演过些什么戏？……我一一做了回答。这时，一位工作人员把我要借的服装，包成一个包袱送来了。我接过来，打开看是否合适。

周副主席忙问："这身衣服行吗？"

"太好了！我们正需要它。"我高兴地回答。

周副主席笑着说："好！那就叫它去为你们服务吧。"我笑着准备把衣服包起来。周副主席指着缀在衣服领子上的军衔说：

"你认识吗？"

"认识，是中将。"我回答。

周副主席又问："你怎么认识这种军衔的？"

我红着脸说："我的家庭出身不好，我父亲就在国民党的军队里做事，他也有军衔，所以我认识。"

周副主席说："家庭出身好坏，你能选择吗？你父亲叫什么名字？在什么部队？"

"他叫关玉衡，原来是东北军的一个团长。"我回答。

周副主席想了一下说："我知道他。"

"怎么，您知道他？"我惊异地问。

周副主席见我奇怪，就解释说："在'九一八'事变之前，有一个'中村事件'，你听说过没有？"

我说："我小的时候，听家里的长辈们说，在'九一八'事变之前，一个叫中村震太郎的日本军事间谍，带领着一个间谍组，在我父亲的驻防区从事间谍活动，被我父亲他们给抓住并处决了。后来，日本帝国主义以这个事件为借口，在'九一八'炮轰了北大营。"

周副主席接着说："对，大体上是这么一回事！应该说你父亲是一个爱国军官嘛！你父亲敢为别人而不敢为，名垂抗日青史，令人敬佩。"我不好意思地笑了。接着周副主席又问他现在在什么地方？

我摇摇头说："不知道。我参加革命之后，一直没有给家里写过信。我想他大概在重庆吧。"

周副主席笑着说："不写信就证明你和他彻底决裂了？我看大可不必。应该团结更多的人和我们一道抗战嘛！多团结一个人，就多一份抗战力量嘛，这有什么不好！我看信还是可以写的。"

我推托说："我因为一直不知道他在什么地方，所以就没法写信。"

周副主席说："好！有机会的时候，我可以替你查问一下……"这时，一位工作人员又送来了一些待批阅的文件。我急急忙忙地站起来，敬礼告辞，并请周副主席一定到鲁艺看看我们演出的《血泪仇》。周副主席握着我的手说："好，我有时间的话，一定去看你们的演出，也欢迎你有空来玩嘛。"

1944 年 8 月，周恩来和叶剑英（左二）等在延安同美国观察组成员谢伟恩（左四）交谈

他的话像和煦的阳光，像细细的春雨，沁入我的心田，使我感到无比温暖，浑身充满了力量。我怀着激动、幸福，不愿离开，又不能不离去的难言思绪，离开了他。

这次谈话，不过是二十几分钟。二十几分钟在人的一生中，是多么短暂啊！但，它在我的记忆里，却是永恒的，永远也不会消失。

更难忘的是，半年之后，1945 年的春节。那时我在延安交通工厂体验生活，和工人同志们一起编排了几个秧歌剧。

　　大年初一的那天，交通工厂和延安被服厂的工人秧歌队，到杨家岭去给党中央领导同志拜年。秧歌队在中央大礼堂门前的广场演出时，周副主席从外边回来，在经过广场时看到了我，便叫着我的名字问："你们鲁艺演出了？排了些什么新节目？"

　　我惊呆了！做梦也没有想到，日理万机的周副主席，竟然记得一个和他只有二十几分钟接触的普通一兵！我含着激动的泪花跑上前去，向他敬礼报告："不是鲁艺来演出，是交通工厂和被服厂的工人秧歌队，来给中央首长拜年。因为我在交通工厂体验生活，所以和工厂的同志们一道来了。"

　　听我说完后，他高兴地笑了，然后像慈父似的对我说："好啊！要在工厂中长期和工人同志们生活在一起。要好好地向工人同志们学习。"我点着头答应："是！我要按照您的指示去做。"他满意地点点头。然后又非常郑重地对我说："我已经替你查过你父亲的下落了，他现在不在重庆，到新疆去了。他在新疆的通信处是……"泪水又一次涌上了我的眼帘。

第十五章
"中村事件"后关玉衡及战友的命运

一、关玉衡

1949年4月21日，毛泽东主席、朱德总司令发布了《向全国进军的命令》。当日凌晨，人民解放军强渡长江天险，彻底摧毁了敌人苦心经营的长江防线。4月23日，解放南京，宣告了国民党反动统治的覆灭。此时，关玉衡在桐陵县任田粮管理处长。

是年冬，在南京军管会的安排下，关玉衡怀着焦急、幸福的心情，回到阔别17年的哈尔滨与家人团聚。1953年，回到家乡宁安。在党的关怀下，他被选为黑龙江省人大代表、省政协委员、宁安县政协委员，还参加黑龙江省少数民族代表团到北京参观访问，受到毛主席、

关玉衡与长子关松军
夫妻及长孙关兴

周总理等党和国家领导人的接见，并合影留念。周恩来总理亲切地称他为"爱国军官""爱国民主人士"。关玉衡激动万分，满怀深情地说："共产党的阳光普照着各族人民的心。"

关玉衡（第二排左二）与黑龙江省少数
民族参观团在京受到毛泽东主席接见

1965年，关玉衡病逝，享年68岁。我国少数民族作家乌·白辛同志亲题挽词，寄托哀思：

生何欢，生逢乱世，血雨腥风，生灵涂炭，恨青山失色。塞北男儿，壮怀激烈，誓马革裹尸，冰霜铁甲，拔剑斩敌首，白山烽火始于足下，赳赳武夫，肝胆照人。回首当年，驰骋洮儿河畔，看白浪滔天，应千年无愧。

死何畏，恰得其时，环宇澄清，人间改色，喜碧海讴歌，江南归叟，勤修史册，效龙飞凤舞，历数晨星，挥毫论功过，黑水尘烟跃然纸上，彬彬文士，鞠躬尽瘁。放眼来日，安仰牡丹江畔，听松涛絮语，亦万古安然。

二、炮兵少将赵衡

赵衡任东北炮兵少将。赵衡，原名赵荨孚，为屯垦军第三团团部中尉副官，处决中村震太郎等间谍的监斩官。"九一八"事变后，赵衡被任命为第三团团长。抗日战争时期，任以于学忠为首的苏鲁战区政工分会上校专员兼分会政工大队第一大队长、沂水县县长等职，后升任东北军炮兵少将。

三、陆鸿勋卖国求荣把命丧

陆鸿勋，原兴安屯垦军第三团一营营长。1933 年投降日寇，任伪黑龙江第三军管区直属炮兵中校队长。

1934 年回到老家为母奔丧，这时的陆鸿勋已经脱离虎口，可是这个贪心的人，舍不得伪中校军官一个月 470 元的饷钱，又自动回到齐齐哈尔。这一回来，就自投罗网送了性命。

1935 年夏秋之交，中村震太郎的儿子从日本来到中国东北寻找他爹的遗骨，住在伪骑三团团长姜鹏飞家。姜鹏飞娶了个姓伊藤的日本女人，这日本娘们儿和中村是亲属。日本人终于查出陆鸿勋是"凶手"。伪第三军管区"选送"陆鸿勋到沈阳伪中央陆军军官训练处"深造"。做着升官梦的陆鸿勋一到沈阳，就被宪兵司令部逮捕。经严刑拷打，陆鸿勋供出处决中村等人的内幕。

一时间，日伪各大报均在头版大字刊载"谋害中村的杀人巨魁罪恶滔天犯陆鸿勋落网"的消息。

中村震太郎、井杉延太郎的纪念碑已完工，但是找不到中村骨骸。日本人强令当地百姓拉网式搜索，在洮儿河水坝边上发现了一只破鞋。日本人确认这是中村震太郎的遗物。

抓到了陆鸿勋，日本人请来和尚、道士为中村招魂，吹吹打打，旗幡飘扬。将原屯垦军第三团的蒙古士兵桑阿等捉来，强迫他们跪在中村震太郎的墓前戴孝。

1932年伪西科后旗公署日本参事官小西京太郎主持修建了此墓。此墓毁于1945年8月15日本宣布投降后，照片由收藏家于颖辉提供

祭灵仪式进入高潮，日本人将陆鸿勋脱光洗净，嘴里塞了棉花，大字形绑在木板上，抬到水坝边。中村的儿子亲自挽袖动手，熟练地将陆鸿勋的肉一刀一刀割下。原想依照剐刑古法120刀零割，结果只81刀，陆鸿勋就气绝了。这正是：

> 卖国求荣图安逸，
>
> 自投罗网把命丧。

附录
关玉衡遗作《中村事件始末》

一、社会背景与中村大尉出现

一九二八年前后，东北兴安岭科尔沁各旗一带土匪活动甚为猖獗，其时我任东北炮兵军参谋处长，曾会同军法处长王璞山在永平防地上书给炮兵军军长邹作华，建议将编余的炮兵屯垦殖边。旋经张学良批准，并予屯垦军经费四百万元。当以三十万元购买蒙旗荒地，地点选在索伦山之阳，北界索岳尔济山的分水岭，沿洮儿河南至白城子，总长四百五十华里；东西夹交流河、绰尔河之间，宽三百余里，在交、洮、绰三条河的河谷之间。草木畅茂，沃野千里，划为兴安屯垦区。

一九三一年，我任东北兴安屯垦公署军务处长兼第三团团长，率第三团驻余公府。这年二月某日（日子记不清），据第一团一营营长迟广胜的电话报称：有便衣乘马的外国人三名及俄国人一名，在绰尔河东岸盘桓，旋向扎赉特公爷府方向驰去。复有本区顾问寿玉庭发来的情报内称，扎旗巴公秘密召集各旗王公会议，当将这个消息报告给兴安屯垦公署备查。又据哈尔滨特警处通报："有日人要求发给护照进入贵区，本处未批准。"（这段通报是以后我向特警处王瑞华处长联系，他复我的。）

当兴安屯垦区成立伊始，东北长官公署曾照会驻沈阳的各国领事馆说："兴安区乃荒僻不毛之地，山深林密，唯恐保护不周，谢绝参观游历。凡外国人要求入区者一律不发护照。"各国领事嗣即复照认可，唯日本总领事默无一言。

日总领事默无一言，不外以下原因：

（1）蒙古王公对兴安屯垦不明真相，初期多方反对；并依靠日本庇护，多不愿出售荒地，留待日本"拓殖"。经邹作华派我任交际处长游说蒙古王公后，多数愿将其荒地出售，唯有图什业吐旗蒙王叶喜海顺，几经劝说，终无成效。叶喜海顺原系前清肃亲王之婿，保皇思想浓厚，早与日寇勾结，图谋不轨（"九一八"事变发生后投敌，曾充伪满洲国兴安省北分省省长）。

（2）由于北宁铁路联运开始，建筑洮索铁路在即，创建火犁机耕农场于王爷庙（现在乌兰浩特），设飞机场于七道岭子等措施，均为日本所忌，以为有碍其"满蒙拓殖政策"的侵略。

（3）因东北修筑洮昂、齐克铁路，且又以打通（打虎山至通辽）铁路的联运和葫芦岛的开港，"日本也认为影响了其南满铁路和大连港的经营"。

（4）日本在其"拓殖政策"上加紧控制蒙古王公，豢养土匪，骚扰滋事，并煽惑大汉奸洮辽镇守使张海鹏反对屯垦。

一九三一年五月二十四日，新编骑兵第六连连长宫品一报称，该连新招募骑兵编练完毕，我遂前往校阅。二十五日晚，团部中尉副官赵衡来报告说，三连连长宁文龙查获日本间谍四名，地点在四方台附近，董副团长请我回团部处理。我据报后连夜返回团部，凌晨方达。少校团副董平舆当即向我报告，捕获之间谍为日本人两名、俄国人一名和蒙古人一名，并呈上所搜获日本间谍中村震太郎的文件等多种，经详加检阅，计有：（一）日文十万分之一军用地图一张；（二）中文同比例之军用地图（前奉天测量局出版）一张（中、日两种军用地图都经用铅笔勾改，显然是经现在印证后校对过的）；（三）晒蓝纸俄文地图一张；（四）透明纸作业一张；（五）洮索铁路路线图一张，附立体桥梁涵洞断面图一张（一部分，系自测自绘）；（六）草图一张（系自测自绘）；（七）笔记本两本：一本记载其个人私事，其头篇记载昭和六年一月，日本帝国参谋省派遣他做情报科情报员——陆军大尉中村震太郎赴满洲兴安区一带活动和在东京驿送行的情况，一本记载他所经过的地点，如洮南府、哈尔滨、齐齐哈尔、海拉尔、兔度河和扎兔采木公司；（八）报告书两封，主要报告他所遇到的人事，如洮南府满铁办事处负责人（忘记姓名，系张海鹏的代言人）和在巴公府的会谈记录等；（九）表册三份：一册是调查兴安区屯垦军的兵力，枪炮种类、口径，官兵数量，将校姓名，驻屯地点，营房景况、容量、坚固程度，车辆马匹粮食辎重；一册是调查蒙旗、县的人口。物产及畜群之多寡，森林矿藏之有无，蒙、汉军民之情况；另一册是调查地方风土情况，如土壤、水源、气候、雨量、风向等项；（十）所携带之物品：甲、洋马三匹，蒙古马一匹（鞍装俱全）；乙、三八式马枪、南部式手枪各一支；丙、望远镜一架；丁、测板标杆标锁一套，图板一块，方、圆框罗盘针各一件；戊、寒暑温度计一具；己、天幕一架，防雨具一套；庚、皮衣、罐头食品等数件。

二、证据确凿，构成间谍罪行

我将上列文件译成中文后，证实中村震太郎确系"日本帝国参谋省情报科情报员陆军大尉"身份，即对他进行审讯。中村系中等身材，面方而多髭须，身着深灰色棉裤、棉袄，外罩俄式皮制夹克，头戴三耳火车头式革制皮帽，上套风镜一副，脚穿短筒皮靴。在审讯中，中村的态度傲慢自大，自称是"大日本帝国陆军大佐"，蛮横暴躁，以不会中国话企图推卸间谍罪责。嗣乃用日语审讯，中村从其衣袋中掏出名片一张，上写"日本帝国东京黎明学会会员中村震太郎"。从他的神气上也可以看出他是日本军人的样子，但他依然供认是"退役"的陆军大佐。另一日人叫井杉延太郎，他说："我们都是军人，中村是陆军大尉，我是曹长（上士班长），现已退役，在扎兔采木公司工作。中村指派我作案内（助手）。这些地图都是由中村自己掌握，我不管。"问他晒蓝纸俄文地图是从哪里来的？井杉答："我不知道，中村不认识俄国字，用时就叫俄国人看。俄国人不会中国话，只会日本话。"再对中村讯问，他什么也不说。

从以上所获种种文件和井杉口供，中村确是"日本帝国参谋省情报科情报员"，被派遣来兴安区做谍报工作无疑。因此对中村不再继续讯问。

我思索中村一路所接洽过的人物，都是反对兴安区的汉奸和南满办事处的"拓殖"者。他们勾结张海鹏与扎旗巴公爷阻挠开垦，而且济匪养匪企图颠覆兴安区。中村此来，显与这些人有直接关系，纪录上又把他们的这些计划都摘录下来。据营长迟广胜从索伦山发来的报告和寿玉庭的情报来看，中村曾在巴公府开会。我觉得胸有成竹，即做出如下的判断：（1）肯定中村是间谍，因为他的笔记本载明是参谋省派出；（2）他到洮南又增加新的任务，肯定他是破坏间谍，参与"拓殖"工作；（3）参与蒙古王公召开的会议，即将采取颠覆破坏的行动。

但中村配备的俄国人有什么作用？蒙古人又有什么作用？据井杉供称："雇用俄国人是给他看地图和问路。"至于那个蒙古人，经我派团部蒙古籍军士了解的情况，确是巴公爷派来的联络员。这样，我又想到中村的任务可能分为两项：即日本参谋省要他马上提供有关蒙古入侵方案的报告；满铁拓殖会社要他提供联络的计划。

既然如此，对中村大尉如何发落？间谍文件和证物又如何处置？我心目中打下了初步腹案，认为弱国的外交总是不利的，一经揭开这个案件，日本是非索回不可的。现在正处于剿匪之际，权柄在手，既要处理这个间谍案件，莫如召开官佐会议，集思广益地征询意见，然后再做决定。

三、二次审讯

在华灯初上时，各官佐齐集于团部大军帐内（第二营营长与第三营营长正外出未参加），由我提出破获日本帝国参谋省情报科陆军大尉中村震太郎间谍一案应如何处理，并说明，从已缴获的文件和军用地图等证物、证件加以综合分析，肯定他是破坏间谍，大家对这个案情有什么见解？请各发表己见。首先发表意见的第一营营长陆鸿勋和副团长董平舆，二人均认为秘密处死刑为对，因为本区已向驻沈阳各国领事照会不保护外国人来垦区游历在案；有的说弱国无外交，一经暴露，一定是会被日本政府要回去，更会再派间谍来破坏；也有的说放他走出去，在路上杀掉；更有的说在剿匪职权上也应该行使紧急处置权。在征得到会官佐意见后，我提出的主张是明正其罪行，公开处置。但他们说这是徒找麻烦。于是我再提出第二步办法讯取他的口供。在官佐会议结束之后，即再进行审讯。在审讯时，中村不仅蛮横如故，变本加厉地要野蛮，与官兵格斗起来，激起士兵怒火。我本来不主张刑讯的，在此情况下，迫不得已才大声喊："捆倒了打。"不料中村大尉竟拿出日本法西斯武士道的本领与官兵格斗起来。此时，我遂抽出战刀要手刃强寇。日本人最怕杀头，中村见我抽出战刀，他的气焰方始少煞。经讯问后，在令其在笔录上画押时，他又借机厮打，致惹起官兵的愤怒。官兵拳打脚踢并用枪把子打在中村的头上，将其打晕倒卧在地。陆鸿勋营长说，像这样只有采取秘密处死的办法了。于是我下令说："第三连连长宁文龙、第四连连长王秉义，把中村大尉等四名间谍犯，一并枪决。"为严守保密计，派团部中尉副官赵衡为监斩官，押赴后山僻静处所执行，连同行李、马匹，除重要文件呈报外，一律焚毁灭迹。在执行时已午夜十二时三十分钟。天亮时我携带所获的间谍证件和证物等驰赴兴安屯垦区公署向代理督办高仁绂（督办邹作华行将出国考察垦政，故由兴安区总办高仁绂暂代）报告处理中村大尉的结果。同时，在兴安区防地拟就快邮代电连同其间谍文件、证物托苑崇谷（苑在座，他因新授团长职衔去北平晋谒张学良）至北平呈报张学良副司令长官。适张在协和医院养病，乃交副官长汤国桢转呈。

四、折冲外交，去沈等候对质

兴安屯垦区第三团秘密处决日本间谍中村大尉等是五月二十五日午夜十二时三十分左右的事，而日本驻沈阳领事林久治郎直到八月初旬才向东北长官公署荣臻参谋长（张学良适在北平养病期内，由荣代理副司令长官职务）提出抗议。在其初次抗议时带有讯问性质，是试探性的。但在确悉我方对此未做外交准备时，才一步紧逼一步。八月十二日辽宁省政府和东北长官公署用"文电"向屯垦公署询问："是否有中村震太郎其人到区游历？"屯垦公署答复"并无其人"。同时电我注意。而此时的《盛京时报》、《朝鲜日报》和《泰东日报》（都是日本设在东北的机关报纸）上纷纷报道"中村震太郎入蒙游历失踪"。同时日本在交涉上一天紧迫一天，最后就公开地揭开说："闻中村震太郎入蒙地携带的鸦片和海洛因，为兴安区土匪杀害"。日本在华的报纸，都是日本帝国主义在华的机关报，是专门挑拨是非、颠倒黑白、造谣中伤的报刊。沈阳《盛京时报》等捏造"中村震太郎入蒙地携带的鸦片和海洛因为兴安区土匪杀害"等情，纯系淆惑世人听闻，企图推卸其间谍活动的责任。适于此时（大约是在七月末或八月初）我奉到北平张学良副司令电报指示："妥善灭迹，做好保密。"故此，我采取"以静制动"的办法对待，同时向张学良请求退还中村间谍证件和证物，以利于与日领林久治郎交涉，并向荣臻说明出事后未向他报告的错误，致陷他于不悉底蕴的境地。因此荣心存芥蒂，实际错误是在我身上，我应该分报沈阳和北平。以致日领林久治郎向荣询问时，荣以不明真相含糊其词。于是林久治郎态度更加强硬地说："谁杀害的，由谁偿命！"而日本在东北的报纸于是大噪，每天报道中村震太郎为兴安区胡匪队伍杀害；旋又公然指名第三团团长关玉衡的士兵之所为，甚至在日本报纸上报道："第三团官兵为抢劫鸦片、海洛因而害人越货，必须把关玉衡枪决抵偿，并着该区赔偿一切损失。"为此，兴安区当局对日本的诬蔑不得不予以驳斥："查本区自成立伊始，东北长官公署即已向驻沈阳各国领事照会在案，谢绝到兴安区参观游历。因保护难周，不发护照，凡私自入于该区而有意外发生时，该区概不负责。"虽然有了这样的声明和驳斥，但仍不能抑制日本在外交上的压迫。不仅日本浪人在沈阳滋事寻衅，而日本特务机关长土肥原贤二则到处煽风点火，公然要求亲自到兴安区勘察。长官公署劝其切莫前往，并谓这样做法是给关玉衡以极大的压力，致酿成事件不好收拾。而土肥原贤二执意非亲至该区搜查不可。在制止不住的情况下，姑且允其只身前往，长官公署并派铁参谋（忘其名字）伴同前往和加以保护。在土肥原贤二动身前故作危言耸听地说他带关东军步兵一团到兴安区用武力搜索。这虽然是土肥原贤二的故作吹嘘之言，但本区不得不予以防范。因此，本团与第一、二两团在农隙训练之际，调齐队伍，严阵以待。待至土肥原贤二到达白城子车站甫下车就被检查和验照后始予放行。为此，他才感到有些不对头，所以在其抵达本屯垦公署时竟要求派兵随行保护时，又遭到高仁绂总办的"本区向无此例"的拒绝后，只得与铁参谋向葛根庙出发。在途中备受沿途的检查和盘问，他看到部署森严，料想至佘公府是要受到很多困难。土肥原贤二之所以要到佘公府的目的，不外乎收买蒙古人为他寻找中村大尉的尸骨。结果，蒙古人无敢应者，故此对铁参谋说："关玉衡鲁莽得很，回去吧！"（这段情报是当时洮索路养路段职员何荣昌报告的。此人现在河南平山任矿务局工程师。)

土肥原贤二在回到沈阳后大肆宣传说："兴安区部队要哗变，一切准备妥当，只待发动。"而日领林久治郎则在外交上更加施加压力，不是迫使东北当局把关玉衡逮捕至沈阳为中村震太郎偿命，就是以"暂停谈判准备行动"做要挟。

前已略述，我将中村大尉处决后向高仁绂代理督办报告时，曾托苑崇谷把中村间谍活动的证件等转呈北平张学良副司令。在中村事件外交案发生后，我又奉到张副司令的"灭迹保密"的电令指示。因此，我是有恃而无恐的。但荣臻参谋长在未获有中村大尉间谍活动罪证时，一时急切无以应付的情况下，又怕兴安区部队果真哗变，造成一波未平一波又起的形势。因此，除与我函电商议外，并于九月十日前，又派前东北炮兵重炮旅旅长王致中以私人资格来兴安区与我商讨时说："玉衡！千万不可把事态扩大（指哗变）。老荣说：'能拿出证据再好没有；如果拿不出来，先放你走，就说在事前出国游历去了，可把你送到满洲里，你顺便就入苏联了，只要保持兵不哗变，日本人就无所借口。'"我听了这番话就知道荣参谋长不信任我。我说有证据确在北平行营，我立即将张学良给我的电报拿给他看（王致中据此用"兴密"给荣电说明张副司令电的大意）。他看后说："这倒站得住理了！你有这样把握，何不出而折冲外交呢？咱们都是老同事，我还能给你窟窿桥走吗？荣参谋长绝对保证你的安全，我可以代表他签字给你。"此时我的妻子在侧说："走苏联是上策，到沈阳折冲外交，日本人是不讲理的，乃属中策。可是哗变全军皆带家属，谈何容易！乃是下策。"我说："我取中策，我所办的案子件件有据，宗宗有理。只要将原始证件全部调来，我就去沈；如果蛮不讲理，我相信我团官兵宁为玉碎不为瓦全。可以给荣参谋长打电报，赶紧向张副司令长官调取中村震太郎间谍活动证件，我一定到沈阳对质就是了。"

此时，林久治郎在沈阳对荣参谋长一天三次抗议说："你不叫日本出兵，你自己出兵解决！"荣被迫不得已，始派宪兵司令陈兴亚率宪兵一团，大张旗鼓地赴兴区去拿办。殊不知我和王致中早已悄然到沈矣！到新站（西边门）由炮兵总监冯秉权用汽车把我接到小东关小津桥冯的私邸暂居，并在冯处见到北平派刘多荃统带送来给荣的中村间谍活动证件，并嘱我也过过目。盖时沈阳南满驿、商埠地的日本人和汉奸闹得乌烟瘴气，谣言纷纷地传说："已经把某人押解进城，投于某监狱中。"从而也引起日本新闻记者携带照相机，到处查寻给我照相。而日本守备队也一天几次到监狱去搅闹。冯总监对我说："荣为保护你的安全，才把你接来敝寓，城内尚平静无虞，小津桥这带更为安全，请你放心吧！"当晚冯并设宴为我和王致中洗尘，且有荣参谋长在座。在宴会上我即席向荣说明前次越级把中村大尉等间谍活动的证件和证物托人直接报呈北平张副司令的错误做法，当面解释并致歉意。同时，刘多荃也在座。刘是北平张副司令长官特派其亲身来送中村间谍活动证件者。此外，还有宪兵副司令李香甫亦在座，都是熟人。席间曾谈及陈兴亚司令大张旗鼓的做法，是做给日本人看的，陈司令率队走了数天，现在才行军到马三家子。继而又研究我的住处问题说，在李副司令家里最好，原因是前面有利达公司，且挂米字旗为掩护，日本浪人不敢去捣乱，而且外人没有知晓是李的住宅。席散后我即乘汽车赴李宅，这是一九三一年九月十六日的事。

五、日领理屈词穷，提出无理要求

九月十七日晨，李香甫对我说："到帅府看看什么时候谈判，你是否也列席？"李说毕就匆匆走出。待至傍午，香甫回家对我说："尚在高压阶段，证物现尚未提出，是怕日领林久治郎用暴力，必先经辩论驳倒他后才能拿出来。"晚间香甫回来，我再询问谈判消息时，他说："竟日在外布置监查警戒，未去帅府，内情不详。"次日，长官公署赵法官来访，我以为是交涉失败了来传我到案的。坐下后他说："事情较前缓和多了，但尚未结束。原来是想叫你抵面对质的，及至提起你来，林久治郎势甚凶狠。我们生怕出事，就改口说，已看押在监，将你的书面抗议拿给他看，而林久治郎仍不服，所以才将中村的文件和证物一部分交给他看，他的态度才大变，似有转圜的余地，然后再将全部材料都交给他看了，而在此时荣参谋长的态度和谈锋也有力了，林久治郎的气焰一落千丈地说"事关军部，我得回去请训"。至夜晚林久治郎返回重行谈判时，提出以下四项条件：

（1）道歉；

（2）处罚责任者；

（3）赔偿一切损失；

（4）保证以后不得再有类似事件。

日领林久治郎所提出四项条件都在每条内附有一个解释，如：

第一条，必须由兴安区首长行之。

第二条，按中国法律自行处罚。

第三条，除行李马匹作价赔偿外，须按日本陆军抚恤条例，中村大尉按阵亡抚恤之。

第四条，洮索铁路之建设，可购买满铁剩余材料，并准许日本人在兴安区购买土地从事开垦耕种。

荣参谋长阅毕林久治郎所提出的四项条款后称："我也得请训，等候张副司令批示再行换文。"双方谈判至此遂告中止。

赵法官在讲完这些话以后，又继续对我表示不是来传我到案，而是荣参谋长恐我惦念叫他来说明的。并说："关于对您的处理的问题，将来批准这段外交的话，也就是把您调离兴安区，一了百了矣！"说毕就辞出。李香甫说："这算喜事，晚间设宴为你祝贺。"正说话间有宪兵走来报告说，今早见南满站的墙上贴了布告，咱们抄录下来："大日本奉天驻屯军，近日以来举行秋操，满铁附近居民突闻枪声勿得惊慌，此布。"现在街上人心惶惑不安。香甫听完报告，就急赴长官公署面报，直至下午归来说，北平回电话：日本示威运动不要管它。我正在想询问关于四项条件有无电话的事，李又匆匆出去了。

此次来沈阳，我是身着便衣来的，为了行动方便，也叫随从李贵臣换上便装。几天来听说外面情况紧，并叫他到街上探听消息。据他回报说：街上行人个个自危，商店、钱庄多未开门，物价上涨，日本兵砸监狱，汉奸亲日派在街道上横行霸道，尤其见了我们的士兵故意寻衅滋事。这日虽然有日兵、浪人和汉奸等滋事生非，但还未发生较大的事故。香甫和我正在闲谈中，宪兵来向香甫报告说，北大营西卡子门外守兵与日本兵发生冲突，已经开枪。又据北市场的宪兵报告，日本守备队百余名向北大营方向出动，时间是夜晚十时三十分钟，戏院等娱乐场所均行停演。此时，日本守备队和日商（日本在乡的军人）约五百多名已冲进北市场。马路湾警察派出所又来电话报告称，日本兵已向被包围者（我商民等）开枪射击，我们正在还击抵抗中，也是十时三十分钟左右。可见两路日寇是在同时行动的。复据报：自南来的列车，满载日军到站，未停直向北驶去，据云文官屯有战事。我军第七旅云：某团已在北大营还击。至十一时后，又据报第七旅之一团由北大营撤走，向山城子地方转移，是为了避免与日寇冲突，不让开枪，李香甫说是北平来电话不许抵抗，同时命第七旅撤退的。此时，日寇正沿商埠地分两路向城关进犯，李香甫去帅府回来称：北平来电话不要再抵抗，已将肇事情况向国联公布云云。当夜十二点左右敌寇的火力骤增，已迫近商埠南市场。十二点以后，有炮声甚巨，讯悉是讲武堂学生出动千余名出击，至下夜二时左右炮声寂然。据说是帅府有令不叫抵抗才停止的。日寇攻城的兵力约有五六百人，而在乡军人和便衣持枪者也不过五百人，就攻陷了南、北市场，因为这些地方没有正式军队，只有宪兵一营多人，警察的战斗力极为薄弱。拂晓前日寇趁机节节紧逼，枪声彻夜不停，在日寇爬城时，炮火更为激烈，及其冲入城内时，首先包围帅府，将残余的卫队团捆绑用卡车载走。约于下夜二时左右，李香甫化装到荣宅（荣臻的寓所）时早已无人，又到二纬路意大利领事馆探询荣的消息和下落，而门役推托不知，便又想到荣宅靠近美国领事馆，可能他走不出去的。这时我便问李香甫怎么办？他说："咱们俩共命运吧！我招待你是私情，原来在你来沈折冲外交时，同时负有监视你的任务，那时不好明言，现在四项外交条件提出后就松多了。现在咱们俩既在一起，我还能不顾全你？只好共同想办法吧！今天可不能闯关，看看情况再说。"李香甫在与我说这番话时，就又另行化装了一番，好似城市士绅的打扮。李贵臣正在这时外出哨探回报说："门关把守得很紧走不得，街上汉奸们臂上缠'自卫者'，大西门墙上贴有'布告'，有鬼子兵十多名把守，悬挂了几个人头。我没有停留，'布告'上说些什么也没有去看，只看下款仍用中华民国年月日，署名是'治安维持委员会委员李毅'。今天外边太乱，不能走，明天再说！"

六、不抵抗主义招来侵略战祸

九月二十日，在晨光曦微中，我和李香甫离开了这座已被日寇侵陷的沈阳城。在途中，听说皇姑屯尚通火车开往关内去。因此，就奔向皇姑屯车站去，售票处人群非常拥挤，据在车站听到的消息，满铁兵车已是昼夜不停地向北开驶。我对李香甫说眼看事态扩大了！但是皇姑屯车站尚无日寇踪迹，老百姓搭车去关内者甚多，我们也登上开往关内的火车：在车上听到旅客们谈论"九一八"夜的消息，他们说先是日寇叫亲日派、汉奸们宣传中国兵如何不讲理，无端地把文官屯柳条沟的铁道破坏，有的说是北大营兵干的，有的说是西卡子门开火不久第七旅就撤退了，也有的说沈阳没有兵，可是洮辽、安东两镇守使还没有兵吗？因为张海鹏、于芷山两个镇守使都投降日寇了。

列车在驶抵打虎上车站时，我对李香甫说："我要换车回兴安区去，你到北平给我代呈一封信给张副司令。"这时，我和李一同下车到了一家小旅馆，这时打虎山还未被日寇占领。

李香甫在探询中所得洮辽一带退军的消息很多，据报：日本多门第二师团在郑家屯以北、开通一带击溃该地驻军，向黑龙江省地区进犯。又讯：日寇广濑第八师团自旅顺登陆，现已到达沈阳，并准备向吉林、长春方面前进，后续尚有大量部队。这样看来，凡此都是由于沈阳当局那天晚上不抵抗所致，假如那天晚上予以抗击，就有很大可能以地方事件解决，不致扩大。在我写完呈张副司令的信后，又给宁安老家拍了一份电报，告诉我父亲我已脱险，但对于兴安区的消息是不明真相的，同时我的眷属还在彼处。正在车站上徘徊时，忽然遇到骑兵第二旅旅长张树森。据他谈，他的骑兵被敌机轰炸溃散，又经日酋多门师团的扫荡已收容不起来了。他又说兴安区在九月十八日向黑龙江省退却，全部归马占山指挥，集中在嫩江桥构筑防御工事，屯垦军的家属大部分向哈尔滨输送。此时打虎山车站上突然挂出不售通辽、辽源的客票，我只得仍赴北平。在去北平的客车上，也听到现时北平同样很纷纭，人民纷纷责难政府对日寇采取的不抵抗主义而放弃沈阳的屈辱政策，引起学生列队到政府请愿、示威游行等等。抵平后访知荣臻参谋长在中央饭店寓居，极守秘密。我于二十三日晚在电话中和荣联系后，于次日早去该饭店谒见荣参谋长，在寒暄后，我便对荣说："张副司令生我的气吧？"荣说："没有什么！"同时并将我在打虎山车站准备回团部的事说了之后，荣说："你的队伍归赵振武带领了，已经向黑龙江集中，马占山为总指挥，在嫩江桥堵截日寇北犯，当面的敌人是日酋多门第二师团。昨天的情况不明。你先回利通饭店等候，听我的电话再约你去见张副司令。"

七、面陈经过，慰勉留用

九月二十四日晚八时许，接到荣参谋长电话命我即到中央饭店。及至汽车抵中央饭店门前时，荣亦与同车至顺成王府宫邸，晋谒张副司令后，张笑容可掬地对我说：“你还跑出来了！”我答：“全仗荣参谋长的掩护。”在我晋谒张副司令面陈事件经过时，除荣参谋长在座外，还有副官长何立中和汤国祯等亦在座，我正要向他报告经过。他说：“不谈了。”我说：“对不起您，误了大事！”他说：“六十多条外交案件，你这是个小案件，没有什么。”接着又问：“你有钱用吗？”问毕就写了张条子交给何副官长后，又说：“江桥完了，你回不去了。”又对何立中说：“给予关玉衡参议名义，月支二百元。”至此，我即行礼辞出。

次日晨饭毕我即到行营见何立中副官长，他说：“昨晚的条子是批给你五百元钱，一切都给你办好了。你不要住东城。”晚间我即移寓在西单花园饭店内。这几天内学生游行示威的队伍不少，墙壁上张贴的尽是“打倒张学良”和“打倒不抵抗主义者”的标语。

（原载全国政协文史资料七十六号）

参考书目

《蒙旗旬刊》东北政委员会蒙旗处,民国十八年（1929 年）一月版。

《兴安区屯垦公报》兴安屯垦公署秘书处中华民国十九年四月。

《兴安区屯垦第一年工作概况》兴安区屯垦公署秘书处,中华民国十九年四月初版。

张子申、薛春德:《历史的耻辱柱》,解放军出版社 2009 年 1 月版。

杜尚侠:《百年少帅张学良》,中国社会出版社 2009 年 7 月版。

孙其明:《东北王张作霖》,上海人民出版社 2010 年 7 月版。

徐悦、徐彻:《张作霖传》,国际文化出版公司 2010 年 9 月版。

张学继:《张作霖幕府与幕僚》,浙江文艺出版社 2011 年 1 月版。

友子:《谍海之花:川岛芳子》,湖南师范大学出版社 2011 年 9 月版。

王朝柱:《谍海奸雄土肥原贤二秘录》,作家出版社 2013 年 1 月版。

叶德英《神秘的中村事件》,（上海电视台《档案》专题片文字角本）。

跋

　　1984 年初，我就任《科尔沁右翼前旗志》主编始，着手搜集有关"中村事件"的历史资料。根据已到手的史料撰写了《中村事件》稿，载入第一部《科尔沁右翼前旗志·军事篇》（内蒙古人民出版社 1991 年 11 月版）。这部志书于 1993 年 9 月 6 日，荣获全国新编地方志优秀成果二等奖。之后，我又陆续到辽、吉、黑三省的档案馆、图书馆和省政协文史委搜集"中村事件"的新资料，并先后撰写《张学良与"中村事件"》《抗日将领关玉衡》《"中村事件"后关玉衡及战友的命运》文稿，相继在《法制与新闻》《方志研究》《内蒙古史志》《名人》《文史精华》《档案与社会》《纵横》等刊物发表。

　　关于处决中村震太郎的细节，在 2013 年 10 月之前，我一直遵照当事人关玉衡生前发表在全国政协文史资料 76 号《中村事件始末》的说法，即枪决。同年 10 月 28 日，我查阅到原东北军兴安屯垦军三团二营中尉骑兵中队长金东复《中村事件亲历记》后，否定了关玉衡原来的说法，将处决中村震太郎等人"枪决"改为军刀"待候"。这一鲜为人知的细节第一次呈现给世人。关玉衡当年在《中村事件始末》中为什么隐匿了这一历史上真实的情节，我们不得而知。但历史就是历史，史实不容更改。至此，先后经历了 30 年的沧桑岁月，所有关于"中村事件"的历史资料已搜集齐全完整，谨严审慎考证甄选之后编著《"中村事件"揭秘》。正是：

沧桑三十载，史海足作舟。

撷粹成籍典，马年谱新篇。

在本书编写过程中，得到东北师范大学历史文化学历史学院教授田志和、曲晓范，辽宁省政治协商会议文史委主任姜东平，辽宁大学历史系教授胡玉海，辽宁省图书馆王斌、刘竞，河北文史书店经理李根华和"冯弢史志工作室"冯国、都晓兵的热情帮助和支持；同时，还参照摘录了多位专家学者的佳作，在此一并表示诚挚的谢意。

2015 年 3 月 28 日竣稿于冯弢修志坊